Secrets and Songs

THE STORY OF A FAMILY REUNITED

Secrets et Chansons

L'HISTOIRE D'UNE FAMILLE RÉUNIE

By members of the Leau, Greene, and Cavanagh families with Patricia Pearson

Pars les membres des familles Leau, Greene, et Cavanagh avec Patricia Pearson

BELLWOODS PRESS

www.bellwoodspress.com

ISBN: 979-8-218-13987-2

For Nona and all of our family members, known to us and unknown, who made our story possible

Pour Nona et tous les membres de notre famille, connus ou inconnus de nous, qui ont rendu cette histoire possible

If your life is a leaf that the seasons tear off and condemn, [the sisters of mercy] will bind you with love that is graceful and green as a stem.

Si ta vie est une feuille que les saisons condamnent et déchirent, [les sœurs de la miséricorde] t'entoureront d'un amour aussi gracieux qu'une tige verte.

–Leonard Cohen

PARIS, 1963

In an attic apartment, amid luxury hotels and embassies, a young, pregnant woman sang quietly to the baby she was carrying. They were gentle, often melancholy songs: Joan Baez's cover of "Donna, Donna," then popular on the radio, and George Brassens' "Les Philistins." About this, the baby boy knew nothing at all for 56 years.

He spent his first eight months of life at a Paris orphanage known as Fondation D'Heuqueville in the Sixteenth Arrondissement on Rue de Montmorency. Here, he was adopted by Pierre and Paulette Leau, a devoutly-Catholic couple in their early forties. Five years earlier, the Leaus had adopted a boy, Jean-François, and now they sought a girl, but there were none to be found at Fondation D'Heuqueville that autumn. So the couple were asked to consider a sweet-tempered baby boy who was biracial, which was unusual for the time.

The Leaus, who were white, hesitated. Would it seem scandalous? But their trusted doctor encouraged them. "A child is a child," he said, and they were persuaded. The doctor drove their new baby to their home in the neighborhood of Sevres on the outskirts of Paris. There the Leaus gave their new son the name Jean-Marie. (He had been named Denis Henry at birth.) The baby was welcomed into a working-class home, which his new father had built himself.

Pierre Leau was a carpenter by trade, and Paulette Leau, a homemaker. They were quiet, pious, and kind to their sons. Every Sunday, Paulette nudged them along to church, and every Friday, she served

PARIS, 1963

Dans la chambre de bonne d'un appartement, dans le quartier des ambassades et des hôtels de luxe, une jeune femme chantait doucement pour le bébé qu'elle portait. Des chansons douces et souvent mélancoliques: les radios chantaient alors « Donna, Donna », de Joan Baez et "Les Philistins" de George Brassens. De tout cela, le bébé, n'en sut rien du tout pendant cinquante-six ans.

Il passa ses huit premiers mois de vie dans un orphelinat parisien, la Fondation d'Heuqueville , rue de Montmorency dans le 16ème arrondissement. C'est ici qu' il fut adopté par Pierre et Paulette Leau, un couple de fervents catholiques, la quarantaine naissante. Cinq ans auparavant ils avaient adopté un garçon, Jean-François. A présent ils espéraient une fille mais en cet automne, aucune petite fille n'était disponible à l'adoption à D'Heuqueville et on leur demanda de s'intéresser à un bébé au tempérament tranquille et doux; il était métis, ce qui n'était pas une évidence à cette époque.

Le couple hésita. Cela apparaîtrait-il comme scandaleux? Leur médecin de famille, un juif polonais, les encouragea: "Un enfant, c'est un enfant," leur a-t-il dit. Ils furent convaincus de le recueillir. Le docteur conduisit leur nouveau bébé chez lui à Sèvres dans les Hauts de Seine, où il reçut le prénom de Jean-Marie (son nom à l'orphelinat était Denis Henry). Il fut le bienvenu dans ce foyer de la classe ouvrière.

Pierre Leau était menuisier de métier. Paulette, femme au foyer, était une femme calme, pieuse et douce avec ses fils. Chaque dimanche, ils les emmenaient à l'église, et chaque vendredi, selon la tradition catholique, servaient du poisson à table. Au-delà des limites de leur paroisse, le couple

JEAN-MARIE WITH HIS BROTHER JEAN-FRANÇOIS
JEAN-MARIE AVEC SON FRÈRE JEAN-FRANÇOIS

Acte de naissance
Copie Intégrale

Copie conforme à l'acte original

JEAN-MARIE'S BIRTH CERTIFICATE
LE CERTIFICAT DE NAISSANCE DE JEAN-MARIE

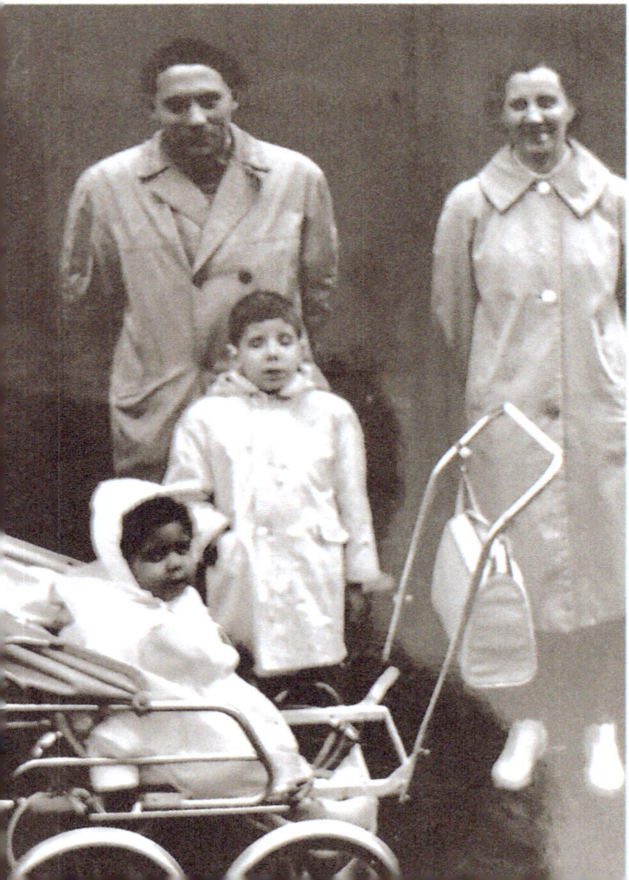

JEAN-MARIE IN HIS SCHOOL CHOIR
JEAN-MARIE DANS LA CHORALE DE SON ÉCOLE

JEAN-MARIE WITH HIS BROTHER AND PARENTS
JEAN-MARIE AVEC SON FRÈRE ET SES PARENTS

JEAN-MARIE WITH HIS ADOPTIVE PARENTS, PIERRE AND PAULETTE
JEAN-MARIE AVEC SES PARENTS ADOPTIFS, PIERRE ET PAULETTE

THE ORPHANAGE FONDATION D'HEUQUEVILLE
L'ORPHELINAT FONDATION D'HEUQUEVILLE

fish, according to Catholic tradition. The couple took little interest in culture beyond the confines of their parish, and when their younger son began to show an aptitude for music, they didn't see the point of encouraging him. They didn't see how music could ever be a livelihood.

For Jean-Marie, however, music was vital, like life blood. Music afforded him a new language, a mode of expression, a dialogue with others that transcended the walls of his house. "I fought to make music," he says now. "In my family, art was considered a fantasy, a luxury. But music gave me everything."

THE SEARCH

Jean-Marie always knew he was adopted, and he often wondered about his birth parents – who these mysterious people could be – and whether he had biological siblings. After he had his first child, Clément, in 1996, he began actively searching for his biological mother. "I felt that I could tell him that I hadn't found my parents, but I couldn't imagine telling him that I hadn't even looked. It became less about who I was, and more about figuring out my children's identity. Of course, it's about biology, it's about heritage, but even more than that, it's everything we carry with us, our history, our roots, the land from which we come."

JEAN-MARIE WITH HIS SON CLÉMENT
JEAN-MARIE AVEC SON FILS CLÉMENT

s'intéressait peu à la culture, et quand leur fils cadet commença à montrer une aptitude pour la musique, ses parents ne virent pas l'intérêt de l'encourager, ne percevant pas comment la musique pourrait un jour devenir un moyen de subsistance.

Cependant pour Jean-Marie la musique était vitale, comme le sang de la vie. La musique lui offrit un nouveau langage, un mode d'expression, un dialogue avec les autres transcendant les murs de sa maison. « Je me suis battu pour faire de la musique », dit-il maintenant. « Dans ma famille, être artiste était considéré comme une fantaisie, un luxe. Mais la musique m'a tout donné ».

LA QUÊTE

Jean-Marie su de tout temps qu'il était adopté. Cependant, il ne se passait pas un jour sans qu'il ne se demandât qui pouvaient être ses mystérieux parents biologiques, et s'il avait quelque part dans le monde des frères et sœurs.

JEAN-MARIE WITH HIS DAUGHTER ÉLOÏSE
JEAN-MARIE AVEC SA FILLE ÉLOÏSE

As Clément would say many years later, "Being of mixed race and not knowing where you're from is very challenging, especially when you're young. Everyone wants to know your identity. It's not judgmental – kids are naïve. But it creates an urge to belong. And when you don't have a reference point, it's hard."

The only point of origin that Jean-Marie had, from his birth certificate, was the American Hospital in Neuilly where he was born. But it didn't include his parents' names or nationalities. Jean-Marie contacted the hospital to see what they had in their archives. "I wrote them and got a few answers back, such as the name of the doctor who delivered me, but nothing connected me to the identity of my father or mother." Perhaps, he mused, his father had been an American soldier, posted to one of the NATO bases. His mother, he came to imagine, might be a French chanteuse, like Juliette Greco, who had a love affair with Miles Davis – someone glamorous, who was too busy for a child. Or in darker moments, he thought, perhaps she was someone who'd been assaulted. He often felt overwhelmed by the range of possibilities.

From his adoptive parents, Jean-Marie also knew the name of the agency through which they had adopted him. He contacted the Fondation D'Heuqueville, but by then it had become a different organization and they couldn't offer him any information. "The letter I received basically said, 'We can't tell you anything, and it's better for you like that,' which is a strange thing to hear," Jean-Marie recalls. "I didn't know from the letter whether they actually had any information about my origins or not, but either way, it was clear they weren't going to share anything with me." He later learned there had been a fire several years earlier at the agency's archives and many of the adoption records had been lost. His records may or may not have been among them.

In the 1980s and 1990s a movement to open up adoption records had gained steam as children born to unwed mothers of the post-war baby boom came of age. So Jean-Marie's next step was to contact France's National Centre for Personal Origins, an organization that kept official

Après la naissance de son premier enfant, Clément, en 1996 il commença à rechercher activement sa mère biologique. « Je sentais que je pouvais dire à Clément que je n'avais pas trouvé, mais je ne pouvais pas imaginer lui dire que je n'avais même pas cherché. Il s'agissait moins de savoir qui j'étais que d'établir l'identité de mes enfants. Bien sûr, il s'agit de biologie, de patrimoine, mais plus encore, c'est tout ce que nous portons en nous, notre histoire, nos racines, la terre d'où nous venons ».

Comme Clément le dira de nombreuses années plus tard, « être métis et ne pas savoir d'où l'on vient est très difficile, surtout quand vous êtes jeune. Tout le monde veut connaître votre identité. Ce n'est pas un jugement – les enfants sont naïfs – et cela crée une envie d'appartenance. Et quand on n'a pas de point de référence, c'est vraiment difficile à vivre ».

L'unique information contenue dans l'acte de naissance de Jean-Marie était l'hôpital américain de Neuilly-sur-Seine où il est né. Cependant, cela ne donnait d'indice ni concernant les nationalités de ses parents, ni à fortiori leurs noms. Jean-Marie contacta l'hôpital pour voir ce qu'ils avaient dans leurs archives. « je leur écrivis et reçu quelques réponses – le nom du gynécologue-obstétricien qui m'avait accouché mais rien sur qui était mon père ou ma mère ».

Tantôt il se prit à imaginer un père soldat américain affecté à l'une des bases de l'OTAN. Tantôt être le fruit de l'amour impossible entre une Juliette Greco et un Miles Davis de passage dans la capitale. Une personnalité glamour bien trop occupée pour élever un enfant. Dans ses moments les plus sombres il pouvait s'imaginer être le résultat d'une violence. Il était parfois submergé par la quantité infinie de scénarios possibles.

De par ses parents adoptifs, Jean-Marie connaissait aussi le nom de l'organisation par laquelle ils l'avaient adopté. Il contacta la Fondation D'Heuqueville, devenue l'Œuvre de l'adoption, on lui répondit être dans l'impossibilité de lui apporter quelque éclairage. « La lettre que j'ai reçue disait en gros: 'On ne peut rien te dire, et c'est mieux pour toi comme ça', ce qui résonne étrangement », se souvient Jean-Marie. « Je ne savais pas du tout avec cette lettre s'ils avaient réellement des informations sur mes origines ou pas, mais

records. If a mother had left written permission for her identity to be revealed, her child could view the record through the Centre. Alas, they had nothing for Jean-Marie. He then turned to a man famous in France for finding parents as a private investigator of sorts. This also yielded nothing. Uncertain what other path to pursue, Jean-Marie let the matter drop.

Instead, Jean-Marie found himself in his music, reaching the highest level of the local conservatory by the age of twenty-one. He then pursued a career as a composer and choir director, eventually producing musical scores for television, documentaries, and films. At one point, having written music for a television show about health, he was asked to do a presentation about the relationship between health and music.

JEAN-MARIE PERFORMING
JEAN-MARIE SUR SCÈNE

de toute façon, il était clair qu'ils n'avaient pas l'intention de les partager ». Il apprit plus tard qu'il y eut par le passé, un incendie dans les archives de la Fondation et que de nombreux dossiers d'adoption avaient été perdus. Son dossier fût peut-être parmi ceux-ci.

Dans les années 80 et 90, un mouvement visant à ouvrir les dossiers d'adoption prît de l'ampleur, au fur et à mesure que les enfants nés de mères célibataires post baby-boom arrivaient à l'âge adulte. L'étape suivante pour Jean-Marie fut donc de contacter le Centre National d'Accès aux Origines Personelles, un organisme qui tenait des registres officiels d'adoptions. Si une mère avait laissé une autorisation écrite pour que son identité soit révélée, alors son enfant pouvait consulter le dossier par l'intermédiaire du CNAOP. Hélas, il n'y avait rien concernant Jean-Marie. Il se tourna vers un détective privé reconnu en France pour avoir trouvé des parents d'enfants nés sous X. Rien n'y fit. Ne sachant plus où chercher, il laissa tomber toute requête.

C'est dans la musique que Jean-Marie se trouva, atteignant le plus haut niveau du Conservatoire local à l'âge de vingt et un ans. Il poursuivit ensuite une carrière de compositeur et de chef de Chœur, produisant et composant des chansons, des musiques originales pour la télévision, pour des documentaires et des films. Après avoir composé l'habillage d'une émission sur la santé, on lui demanda de présenter une chronique sur la relation entre la santé et la musique. En effectuant des recherches sur le sujet, il se passionna pour les enfants à naître et leur sensibilité au son. Il décida de publier un livre sur l'impact de la musique in utero.

Puis arrivèrent les tests ADN. En 2003, des scientifiques du monde entier ont achevé le déchiffrage du génome humain, débloquant les codes d'accès à nos origines, à ce que nous sommes au niveau moléculaire. Jean-Marie fit analyser son ADN pour la première fois en 2010, analyse sans attache à une base de données de parents génétiques. « La plate-forme ne publia que des origines géographiques générales, qui pour moi pointaient vers l'Afrique, ce qui s'applique à presque tous les êtres humains. Il y avait aussi des liens quelque peu prometteurs pointant vers l'Angleterre. Et puis il y avait une attache avec le Costa Rica aussi, allez savoir pourquoi. Mais ce fut à nouveau une impasse ».

In researching the subject, he became fascinated by the fact that unborn children are sensitive to sound, and decided to publish a book about the impact of music in utero.

Then, along came DNA tests. In 2003, scientists around the world completed the Human Genome Project, unlocking the codes to who and what we are at a molecular level. Jean-Marie first had his DNA analyzed in 2010, but it wasn't attached to a database of genetic relatives. "It only released general geographic origins, which for me pointed to Africa, which applies to just about every human being. There were also somewhat promising links pointing to England. And then there was a link to Costa Rica, who knows why, really." Another dead end.

KEY CLUES

"When I was little," Jean-Marie's daughter Éloïse says, "I was really scared my parents would abandon me." She perceived that her father "suffered" from having been given up for adoption and not knowing his roots. She saw it in his restive wandering. For three years – 2011, 2012, and 2013 – he took them on American road trips. Up the West Coast, down the East Coast. For her part, the mystery opened up possibilities. She could be anyone, she could be Arabic, she could be Indian.

The key that finally began to unlock the mystery was Jean-Marie's love for a woman, Laurène Micoud. She had spent two years and many summers during her childhood in America, and in 2017, Laurène attended a family wedding where she saw old friends from Pennsylvania, Ted and Irene Moon, ardent amateur genealogists. "We were telling her these [DNA] stories," Ted recalls, "and she asked if we might help her boyfriend, who wanted to find his mother." He suggested that one of the first steps would be to take a new DNA test, noting that they had improved a lot since Jean-Marie had first taken one. Ancestry.com (founded as an online genealogy site in 1996) launched its first "autosomal" DNA test in 2012, testing 700,000 markers on the human genome.

LES CLÉS

Quand j'étais petite, dit Éloïse, la fille de Jean-Marie, j'avais vraiment peur que mes parents m'abandonnent ». Elle perçut que son père « souffrait » de ne pas connaître ses racines. Elle a senti chez lui une forme d'errance. Pendant trois ans – 2011, 2012 et 2013 – il les a emmenés faire des « road trips » américains. En haut de la côte ouest, en bas de la côte est. Pour Éloïse, le mystère a ouvert de multiples possibilités. Elle pouvait être arabe, africaine, indienne.

La clé qui finalement commençera à percer le mystère sera l'amour de Jean-Marie pour une femme, Laurène Micoud. Elle avait passé deux années et de nombreux étés durant son enfance aux Etats-Unis. En 2017, Laurène assista à un mariage familial, où elle retrouva de vieux amis de Pennsylvanie, Ted et Irène Moon, d'ardents généalogistes amateurs. « Nous ne pouvions pas

JEAN-MARIE AND LAURÈNE WITH TED AND IRENE MOON
JEAN-MARIE ET LAURÈNE AVEC TED ET IRENE MOON

This was two years after the company partnered up to produce the TV series "Who Do You Think You Are?" It would be the first of many shows to begin a veritable tsunami of public interest in identity and origin. By 2015, one million people had used Ancestry.com to test their genetic origins. Three years later, the company had over ten million people in its consumer DNA databank. And there were other companies just like it, including 23andMe.

Because DNA tests weren't allowed in France due to privacy concerns, Laurène and Jean-Marie planned a trip for the following summer, renting a house in Venice Beach, California, so that they could order 'spit tests' from both Ancestry.com and 23andMe. With fingers crossed, Laurène recalls that in August 2018, she "slipped the samples into a mailbox and sent them off."

When they got the results, Jean-Marie's long-imagined origins were turned upside down. His genes didn't point to an American soldier and a French songstress. They connected him instead to Ireland (on his mother's side) and West Africa (on his father's). He clicked on the 'find relatives' button and stared expectantly at the screen. Ancestry.com showed him that his closest known match was a second or third cousin in New Zealand. Her name was Patricia Jenvey.

NEW ZEALAND

"We had a lot of questions. What do we do with this information? What do we write to this newly-discovered relative?" Jean-Marie recalls. "We decided to write very cautiously so as to not disrupt the privacy of a family that was probably not aware of anything." Ted Moon offered to send the first message, "partly for language reasons," he explains, "but also because it can be easier to have a third party explain that they are doing family research, rather than saying, 'Hi, I was adopted.'" On Facebook groups, Ted notes, "there are all sorts of opinions about the protocol of how to reach out. So, we wrote to Patricia through Ancestry.com messaging, wondering about connections to Ireland."

nous empêcher de lui raconter ces histoires d'ADN», se remémore Ted. « Elle nous demanda si nous pouvions aider son petit ami, qui voulait retrouver sa mère ». Il suggéra à Jean-Marie que l'une des premières étapes serait de passer un nouveau test ADN, notant qu'ils s'étaient beaucoup améliorés depuis ces quelques dernières années.

Ancestry.com (site de généalogie fondé en 1996) lança son premier test ADN « autosomique » en 2012, testant 700 000 marqueurs sur le génome humain. C'était deux ans après que la société s'était associée pour produire la série télévisée « Who do you think you are? (« Qui penses-tu être »?). Ce serait le premier d'une longue série à amorcer un véritable tsunami d'intérêt public pour l'identité et les origines. En 2015, un million de personnes avaient utilisé « Ancestry.com » pour tester leurs provenances génétiques. Trois ans plus tard, l'entreprise comptait plus de dix millions de personnes dans sa base de données ADN grand public. Il y eut d'autres entreprises qui virent le jour, y compris 23andMe.

Les tests ADN n'étant pas autorisés en France pour des raisons de confidentialité, Laurène et Jean-Marie planifièrent un voyage l'été d'après. Ils louèrent une maison à Venice Beach, en Californie, afin de pouvoir commander des tests salivaires à la fois sur Ancestry et 23andMe. En croisant les doigts, Laurène se souvient qu'en août 2018, elle a glissé les échantillons dans une boîte aux lettres et les a envoyés.

Lorsqu'ils obtinrent les résultats, les origines que Jean-Marie avait imaginées furent bouleversées. Ses gènes ne pointaient pas vers un soldat américain et une chanteuse Française mais vers l'Irlande (du côté de sa mère) et l'Afrique de l'Ouest (du côté de son père). Il cliqua sur le bouton « trouver des parents » et regarda l'écran avec impatience. Ancestry lui montra que son plus proche parent connu était une cousine au deuxième ou au troisième degré en Nouvelle-Zélande. Elle s'appelait Patricia Jenvey.

A message – his first communication with a blood relative – came back across the continents and seas: "Dear Jean-Marie, I am very surprised. My family on my father's side is Irish, [named] Cavanagh. I was born in Southampton, England. Does this tie in with your family tree? Regards, Patricia."

It was a matter of simple, extraordinary coincidence that Patricia's daughter Bronwyn happened to have sent her mother's DNA to Ancestry.com at around the same time that Jean-Marie submitted his. She had, of late, been searching for lost or unknown family members. Could he be one?

Meanwhile, Jean-Marie struggled with how to proceed. As Laurène recalls, "We had to find a way to tell Patricia that he was adopted, so she could agree to help." With Ted's assistance, they crafted another message:

"Thank you so much for your answer. I am very surprised as well. I was born in Paris in the American Hospital in 1963. I wish I could tell you as much as you told me about your family tree, but I was adopted. The only thing I know today is that my biological mother could be one of your parents' first cousins, if you are about my age and not the next generation. Anyway, my children and I would love to know more about our roots if you would agree to help us of course. Best Regards."

She replied an hour later: "Dear Jean-Marie, I don't think I can be of much help. Both sides of my family were quite large. I only know of close members and I am a generation older than you. There was a branch of the Cavanagh family in the U.S. and 1963 suggests tourists in France."

All this while, as Ted wrote on behalf of Jean-Marie, it was actually Keith Jenvey who was replying on behalf of his wife, who was nearly 90 and had gone blind. Now, he turned to his daughter Bronwyn for help. "Dad told me he felt this was a sensitive matter, probably involving living people who could be hurt," Bronwyn says. "So I was asked to take this on. I felt we couldn't be the obstacle to our family members reuniting.

NOUVELLE ZÉLANDE

« Nous avions beaucoup de questions. Que faire de ces informations? Qu'écrire à ce parent nouvellement découvert »? Jean-Marie se souvient. « Nous avons décidé d'écrire avec beaucoup de prudence afin de ne pas perturber la vie privée d'une famille qui n'était probablement au courant de rien ». Ted Moon a proposé d'envoyer le premier message, « en partie pour des raisons linguistiques », explique-t-il, « mais aussi parce qu'il peut être plus facile de demander à un tiers d'expliquer qu'il fait des recherches sur la famille, plutôt que de dire: « bonjour, j'ai été adopté ». Sur les groupes Facebook, poursuit Ted, « il y a toutes sortes d'opinions sur le protocole sur la façon de tendre la main. Nous avons donc écrit à Patricia par le biais de la messagerie d'Ancestry, nous interrogeant sur les liens avec l'Irlande ».

Un message – sa première communication avec un parent – est revenu à travers les continents et les mers: « cher Jean-Marie, je suis très surpris. Ma famille du côté de mon père est irlandaise, et se nomme Cavanagh. Je suis né à Southampton, en Angleterre. Est-ce que cela correspond à votre arbre généalogique? Cordialement, Patricia ».

C'était une pure coïncidence : Patricia, la mère de Bronwyn, avait envoyé l'ADN a Ancestry à peu près au même moment où Jean-Marie avait rendu le sien. Elle avait récemment recherché des membres de sa famille perdus ou inconnus. Pourrait-il être l'un des siens?

Entre temps, Jean-Marie avait du mal à savoir comment procéder. Comme Laurène se souvient : « Nous avons dû trouver un moyen de dire à Patricia qu'il avait été adopté, afin qu'elle puisse accepter de l'aider ». Avec l'appui de Ted, ils ont élaboré un autre message:

« Merci beaucoup pour votre réponse. Je suis également très surpris. Je suis né à Paris à l'hôpital américain en 1963. J'aimerais pouvoir vous en dire autant sur mon arbre généalogique que sur le vôtre, mais j'ai été adopté. La seule chose que je sais aujourd'hui, c'est que ma mère biologique pourrait être l'une des cousines germaines de vos parents, si vous avez à peu près mon âge et non de la génération suivante. Quoi qu'il en soit, mes enfants

KEITH, BRONWYN, AND PATRICIA JENVEY

I was keenly aware that people can miss out if someone passes away prior to being able to meet (which happened to my best friend)."

Bronwyn was able to provide them with crucial clues. In an email on October 27, 2018, she relayed that during WWII, an American man named Francis Cavanagh had come to visit his uncle Terry – Bronwyn's grandfather – when her mother Patricia was about 15. "My mother proudly recounts seeing an American officer walking down the road, and then he came to their door." Francis was an officer in the U.S. Navy.

"This detail was very important," says Laurène, "because after Googling 'Francis Cavanagh U.S. Navy,' I was able to find a reference to a book that had the entire history of the family, from the fifteenth century until 2011." It was written by Dwight Cavanagh, who they would later learn is Francis's nephew. "I drew a family tree and highlighted six or seven women who were the right age to have given birth in 1963, and we thought one of these women could be Jean-Marie's mother."

The next detail that Bronwyn and her father uncovered was a faded Christmas card to Patricia's mother from one Dorothy Cavanagh in

et moi-même aimerions en savoir plus sur nos racines si, bien sûr, vous acceptiez de nous aider. Bien sincèrement ».

Elle a répondu une heure plus tard: « Cher Jean-Marie, je ne pense pas pouvoir être d'une grande aide. Nous étions assez nombreux des deux côtés de ma famille. Je ne connais que des membres proches et je suis d'une génération plus âgée que vous. Il y avait une branche de la famille Cavanagh aux États-Unis, l'année 1963 suggère peut-être des touristes venus en France ».

Pendant tout ce temps, comme Ted avait écrit au nom de Jean-Marie, c'était en fait Keith Jenvey qui répondait au nom de sa femme, elle avait près de 90 ans et était devenue aveugle. A présent, il se tourna vers sa fille Bronwyn pour obtenir de l'aide. « Papa m'a dit qu'il pensait que c'était une question sensible, impliquant probablement des personnes vivantes qui pourraient être blessées », dit Bronwyn. « On m'a donc demandé de m'occuper de cela. Je pressentais que nous ne pouvions pas être un obstacle à notre réunification familiale. J'avais une certaine lucidité, les gens peuvent se rater si l'un d'eux meurt avant qu'ils n'aient pu se revoir (ce qui est arrivé à mon meilleur ami) ».

Bronwyn a pu leur fournir des indices cruciaux. Dans un courriel du 27 octobre 2018, elle raconta qu'au début de la Seconde Guerre mondiale, un Américain nommé Francis Cavanagh était venu rendre visite à son oncle Terry – le grand-père de Bronwyn – lorsque sa mère Patricia avait environ 15 ans. « Ma mère raconte fièrement avoir vu un officier américain marcher sur la route – et puis il est apparu à leur porte ». Francis était officier dans l'US Navy.

FRANCIS CAVANAGH

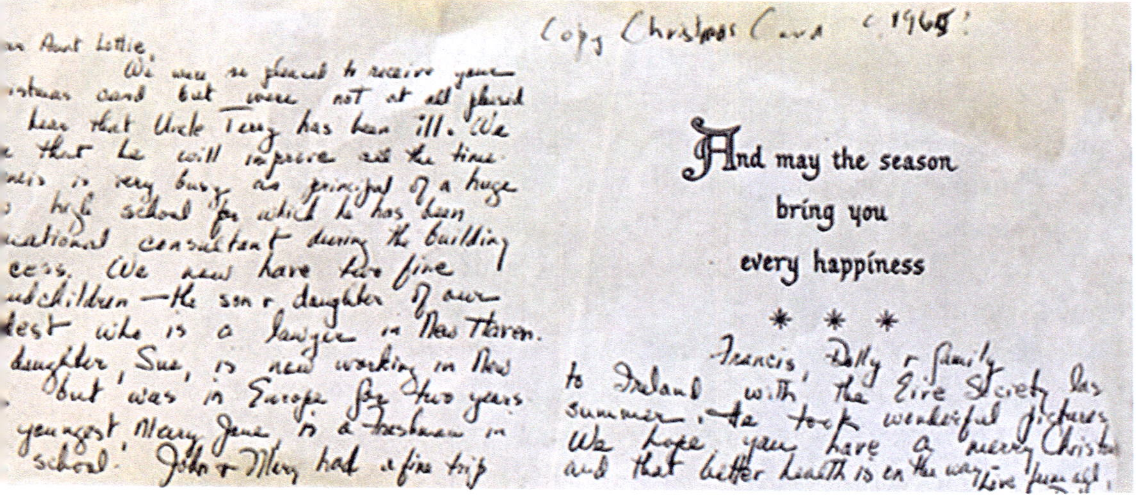
Copy Christmas Card c 1965?

...n Aunt Lottie,
We were so pleased to receive your
...istmas card but were not at all pleased
...hear that Uncle Terry has been ill. We
... that he will improve as the time
...is is very busy as principal of a huge
... high school for which he has been
...cational consultant during the building
...cess. We now have two fine
...ndchildren — the son & daughter of our
...dest who is a lawyer in New Haven.
... daughter, Sue, is now working in New
... but was in Europe for two years
... youngest Mary Jane is a freshman in
... school. John & Mary had a fine trip

And may the season
bring you
every happiness
* * *
Francis, Dolly & family

to Ireland with the Eire Society las...
summer & took wonderful pictures.
We hope you have a merry Christ...
and that better health is on the way. Love from all.

A CHRISTMAS CARD SENT FROM THE CAVANAGHS TO PATRICIA JENVEY'S MOTHER IN 1963
UNE CARTE DE NOËL QUE LES CAVANAGHS ONT ENVOYÉ À LA MÈRE DE PATRICIA JENVEY À 1963

America, Francis's wife. She mentioned that her daughter, Susanne, had been in Europe for a couple of years before moving to New York. It was written in December of 1963.

"As Jean-Marie and family were keenly searching through the family tree, trying to figure out who would most likely be his mother, so was I," recalls Bronwyn. "I lived this search, which included looking on social media, for about a week. It was very exciting." Meanwhile, the Moons in Pennsylvania were also highly engaged. They were all on the edge of their seats as clues began to filter in.

THE DISCOVERY

On October 28, 2018, which happened to be the anniversary of his adoptive father's death, Jean-Marie found a woman named "Susanne Cavanagh" online, who had studied in France in the early 1960s. He felt

FIRST PHOTO JEAN-MARIE SAW OF SUSANNE ONLINE / LA PREMIÈRE PHOTOGRAPHIE QUE JEAN-MARIE A VU DE SUSANNE

« Ce détail était très important », dit Laurène, « parce qu'après avoir cherché sur Google 'Francis Cavanagh US Navy', j'ai pu trouver une référence à un livre qui retraçait toute l'histoire de la famille, du XVe siècle jusqu'en 2011 ». Il a été écrit par Dwight Cavanagh, dont ils apprendront plus tard qu'il est le neveu de Francis. « J'ai dessiné un arbre généalogique et mis en évidence six ou sept femmes qui avaient le bon âge pour accoucher en 1963, et nous avons donc pensé que l'une de ces femmes pourrait être sa mère ».

Le détail suivant que Bronwyn et son père ont découvert était une carte de Noël fanée adressée à la mère de Patricia par une certaine Dorothy Cavanagh en Amérique, la femme de Francis. Elle y indiquait que sa fille, Susanne, était en Europe depuis deux ans, peu de temps avant d'emménager à New York. Une carte écrite en décembre 1963. « Alors que Jean-Marie et sa famille cherchaient ardemment dans l'arbre généalogique, essayant de comprendre qui serait probablement sa mère, moi aussi », se souvient Bronwyn. « J'ai vécu cette recherche, y compris aussi sur les réseaux sociaux, pendant environ une semaine. C'était très excitant ». Pendant ce temps, la famille Moon de Pennsylvanie était également très engagée. Ils étaient tenus en haleine alors que des indices commençaient à filtrer.

there was a strong possibility that he had found his mother. Her name was included on a page of U.S. Fulbright Program grant recipients. He searched further online. "The first photograph I saw of her was in black and white, and it had an effect on me. It resonated, but I kept on looking because it said 'Susanne Greene.'" While searching 'Susanne Cavanagh,' photos and articles referencing 'Susanne Greene' continued to appear, including a wedding announcement that confirmed the name change. "Soon I understood that this Susanne Greene was her."

Across the Atlantic in Philadelphia, Ted saw the same black and white picture online. "Irene heard me yell from the other room, because I saw a photo of Susanne and compared it to a photo of JM. 'Oh my God! Look at the gap in the teeth!' There's mom and there's son! I mean, it wasn't proof, but it was very cool, taken together with what else we knew." (In fact, it was just a shadow in the photo. But, one of Susanne's other children, they would later learn, did have the very same gap as Jean-Marie when she was a child.)

And in New Zealand, Brownyn confirmed that this Susanne Greene was, indeed, her relative Susanne Cavanagh, for she had been doing her own family tree sleuthing.

"My Dad texted me at school in Boston," Clément recalls. "He sent a picture of Susanne, and I just remember seeing her face, and it felt like the start of stitching my life back together. It was surreal, like a movie. When I heard that she was an artist, it made a lot of sense. It really touched me to my core. It had caused me a lot of pain, not knowing my roots. I guess I felt lost before I knew her."

LA DÉCOUVERTE

Le 28 octobre 2018, à la date anniversaire de la mort de son père adoptif, Jean-Marie a trouvé en ligne qu'une femme nommée « Susanne Cavanagh » avait étudié en France au début des années 1960. Il sentit qu'il y avait là une forte possibilité qu'elle fut sa mère. Son nom figurait sur une page des récipiendaires du programme « Fulbright » des États-Unis. Il fît d'autres recherches en ligne. « La première photo que j'ai vu d'elle était en noir et blanc, et cette image m'a fait un drôle d'effet. Sa contemplation a résonné en moi, mais j'ai continué à chercher parce qu'il annonçait "Susanne Greene". Lors de la recherche sur « Susanne Cavanagh », des photos et des articles faisant référence à « Susanne Greene » ont continué d'apparaître, y compris une annonce de mariage confirmant son changement de nom. « Bientôt j'ai compris que Susanne Greene, c'était effectivement bien elle ».

De l'autre côté de l'Atlantique, à Philadelphie, Ted a vu la même photo en noir et blanc en ligne. « Irène m'a entendu crier de l'autre pièce, parce que j'ai vu une photo de Susanne et je l'ai comparée à une photo de Jean-Marie. « Oh mon Dieu! Regarde l'écart entre les dents! D'un côté maman et de l'autre son fils! Je veux dire que ce n'était pas une preuve, mais c'était très cool, accolé avec ce que nous savions ». (En fait, ce n'était qu'une ombre sur la photo. Mais ils apprendront plus tard que l'un des autres enfants de Susanne, avait étant plus jeune le même écart de dents que Jean-Marie.)

En Nouvelle-Zélande, Brownyn confirma que cette Susanne Greene était, en effet, sa parente Susanne Cavanagh, car elle avait fait sa propre recherche d'arbre généalogique.

« Mon père m'a envoyé un texto à l'école de Boston », se souvient Clément. « Il m'envoya une photo de Susanne, et je me souviens avoir vu instantanément son visage en elle, c'était comme une reconstitution de ma propre vie. C'était surréaliste, comme dans un film. Quand j'ai appris qu'elle était artiste, cela fit encore davantage sens, ça m'a touché au plus profond de moi-même. J'avais en moi beaucoup de chagrin de ne pas connaître mes racines. J'ai réalisé à quel point je me sentais perdu avant de la connaître».

SUSANNE WITH GRANDCHILDREN MOLLY, EAMON, JUNE, AND ELLA (FROM LEFT TO RIGHT)
SUSANNE AVEC SES PETITS ENFANTS MOLLY, EAMON, JUNE, ET ELLA (DE GAUCHE À DROITE)

SUSANNE

Susanne Greene was an artist and musician in New York, who with her husband also owned a group of cottages on Nantucket Island. It was on the Wade Cottages website that Jean-Marie began to learn more about his biological mother. There he found a link to a website for her art work. He studied the ceramic pieces with fascination. "I was moved by the works of art, the sculptures, which had references to motherhood and to Africa. It was beautiful and at the same time surprising."

SUSANNE

Susanne Greene était une artiste et une musicienne New Yorkaise qui possédait également avec son mari des maisons d'hôtes sur l'île de Nantucket.

Ce fut sur le site internet des « Wade Cottages » que Jean-Marie a commencé à en apprendre davantage sur sa mère biologique. Il y trouva notamment un lien vers son travail et son univers artistique. Il découvrit ses œuvres en céramique avec émotion. « J'ai été profondément touché par ses œuvres d'art, ses sculptures, qui faisaient références à la maternité, à l'Afrique. C'était magnifique et en même temps singulier ».

Il a pu apprendre à la connaître, de loin, dans son appartement parisien. « J'ai trouvé des images sur Instagram, et j'ai découvert qu'elle avait deux enfants, qui étaient mes frères et sœurs, ce qui était vraiment extraordinaire. La vague d'informations qui a suivi, visages et morceaux d'histoire, a suscité une multitude de questions. Comment allais-je être accueilli? Était-ce bien elle ? Nous serions-nous trompés »?

Il demanda à Ted de la contacter pour lui, par courriel. Il y avait trois choses essentielles qu'elle devait savoir, avait-il pressenti. Tout d'abord qu'il l'aimait parce qu'elle lui avait donné la vie. Qu'il ne souhaitait rien de sa part, juste qu'elle sache qu'il allait bien. « J'ai essayé de rester évasif sur le sujet », dit Ted, « ne sachant pas vraiment par qui ce courriel serait lu. Si c'était un secret, nous ne voulions pas prendre de risques. J'en avais suffisamment écrit pour qu'elle puisse comprendre, mais de sorte que personne d'autre ne puisse deviner de quoi il s'agissait ».

« Je n'ai pas eu de réponse, alors j'ai écrit à nouveau. Toujours rien. J'ai ensuite trouvé son numéro de téléphone à Manhattan et décidé de l'appeler. En fin de compte, j'ai bien dû l'appeler 25 fois, toujours en milieu d'après-midi pour ne pas la déranger au moment d'un repas en famille. Je n'ai laissé qu'un ou deux messages, expliquant qu'un de mes amis entreprenait des recherches sur la famille Cavanagh. Tout a commencé à la fin du mois d'octobre et s'est poursuivi jusqu'en novembre ou décembre ».

EXAMPLES OF
SUSANNE'S CERAMIC ART
OEUVRES CÉRAMIQUES DE SUSANNE

He was able to learn about her from afar in his Paris apartment. "I found Instagram images, and discovered she had two kids, who were my siblings, which was truly astonishing. The wave of information that followed: faces and pieces of history. I had a lot of questions. Was I going to be welcomed? Was it in fact her? Were we wrong?"

He asked Ted to reach out to her via email. There were three things she must know, he felt. He loved her because she had given him the gift of life. He didn't want anything from her. He wanted her to know that he was okay. "I tried to be somewhat obscure in this," Ted says, "not really knowing who the email would be seen by. If this was a secret, we didn't want to expose her. I said enough that she would know what I was talking about, but nobody else would. I didn't hear back, so I wrote again. Nothing. So, I found her home phone number in Manhattan and decided to call her. In the end, I think I called her easily 25 times, always in the mid-afternoon so that she wouldn't be having dinner with her family. I only left one or two messages, explaining that a friend of mine was doing Cavanagh family research. This all started in late October, and went through November or December."

Not recognizing Ted's name, Susanne didn't read any of the emails or pay much attention to the phone messages. Meanwhile, Jean-Marie was growing impatient. He saw a photo of Susanne on Instagram, at a Broadway theater with her grandchildren, quite clearly wearing an oxygen cannula. She was ill. How much time did she have? When Ted eventually reached Susanne by phone, she agreed to be contacted. In fact, Jean-Marie had already sent her a letter, along with his book, some photos, and some documentation. "It was like a message in a bottle thrown into the sea," he says.

Ne connaissant pas le nom de Ted, Susanne ne lut aucun des courriels et ne prêta aucunement attention aux messages téléphoniques que celui-ci lui laissa. Pendant ce temps, Jean-Marie s'impatientait. Il avait vu une photo de Susanne sur Instagram, prise dans un théâtre de Broadway, accompagnée de ses petits-enfants, portant très clairement une canule d'assistance respiratoire. Elle était souffrante.

Combien de temps lui restait-il encore à vivre? Lorsque Ted joignit finalement Susanne par téléphone, elle accepta d'être contactée. En fait, Jean-Marie venait déjà de lui envoyer une lettre, accompagnée de son livre et de quelques musiques. « C'était comme une bouteille à la mer », dit-il.

LEUR PREMIER ÉCHANGE

Paris, le 8 janvier 2019
Chère Susanne,

Je m'appelle Jean-Marie Leau. Je suis né le 15 mai 1963 à l'hôpital américain de Neuilly Sur Seine sous le nom de Denis Henry.

J'ai été adopté à l'âge de sept mois par un couple, Pierre et Paulette Leau, une famille modeste qui m'a entouré de toute son affection. Mon père était menuisier de métier. Ma mère s'occupait de mon frère (adopté cinq ans auparavant) et de moi. Une famille catholique vivant à Sèvres (tout près de la célèbre Manufacture de Céramique!). Une famille aimante. Ils ne pouvaient pas avoir d'enfants et ils m'aimaient comme le leur. Même s'il leur a été dans un premier temps difficile de comprendre et d'accepter mon attirance pour le milieu artistique, nous sommes restés proches tout au long de leur vie.

Aujourd'hui, la musique, l'écriture de chansons et le chant, sont mes passions, et elles sont devenues mon activité professionnelle. J'ai deux enfants, Éloïse, 20 ans, et Clément, 22 ans, de mon mariage en 1994 avec leur mère, Florence.

Éloïse étudie à l'Ensad (arts décoratifs), à Paris. Clément lui étudie la musique depuis trois ans à Boston, à l'Université de musique de

THEIR FIRST EXCHANGE

Paris, 8th January 2019
Dear Susanne,

My name is Jean-Marie Leau. I was born on May 15, 1963, at the American Hospital of Neuilly Sur Seine under the name of Denis Henry.

I was adopted at the age of seven months by a couple, Pierre and Paulette Leau, a modest family who gave me all their affection. My father was a carpenter. My mother was taking care of my brother (adopted five years before) and me. A Catholic family living in Sevres (famous town for ceramics). A loving family. They couldn't have any children and they loved me as if I was their own, although it was sometimes difficult for them to accept what I was attracted by (art), and they stood by my side during all the rest of their lives.

Today, music, song-writing, and singing, my passions, have become my professional activity. I have two kids, Éloïse, 20, and Clément, 22, from my wedding in 1994 with their mother, Florence.

Éloïse is studying at the Ensad (decorative arts), in Paris. Clément is studying since three years music in Boston at Berklee University. They are positive and creative persons and I delight that they found their own way.

Although I found stability in my life and in my work, the question about the secret of my origins has been something I've always been carrying. I attempted a lot of procedures since my children were born. I was doing that for them as well, to give them access to answers they could legitimately ask for one day, without success. DNA test Ancestry, when we were on vacation brought me to Patricia Jenvey (born Cavanagh and living in New Zealand), a relative, and gave me clues that progressively led me to the fact that you are probably the person who gave me life.

Berklee. Ce sont des personnes positives et créatives et je me réjouis qu'elles aient découvert leur propre voie.

Bien qu'ayant trouvé de la stabilité dans ma vie et dans mon travail, la question du secret de mes origines a toujours été centrale pour moi. J'ai entamé de multiples actions depuis la naissance de mes enfants (je le faisais aussi pour eux, espérant des réponses à ces questions qu'ils pourraient légitimement se poser un jour), mais toujours sans succès. Le test ADN d'Ancestry que j'ai effectué au cours d'un récent séjour aux US m'a amené à Patricia Jenvey (née Cavanagh et vivant en Nouvelle-Zélande), s'avérant être une parente, laquelle me donna nombres d'indices qui m'ont progressivement conduit à penser que vous êtes probablement la personne qui m'a donné la vie.

Parce que l'existence m'a appris à être optimiste, le sens de mon action est entouré d'une vraie confiance. Bien sûr, je pourrais penser qu'il est trop tard, et que je n'ai pas plus de légitimité à apparaître aujourd'hui dans votre vie qu'il y a 55 ans, au moment de ma naissance. Cette partie de votre passé a peut-être été gardée secrète. Vous pourriez donc possiblement craindre que je vous apporte subitement désordres et ennuis …

Soyez certaine que même si je suis rempli de joie à l'idée de vous rencontrer, je ne ferai jamais rien qui pourrait vous nuire ou vous mettre dans une situation inconfortable.

Avoir découvert qui vous êtes est déjà un miracle!

Étais-je un enfant de l'amour ou de la douleur? Vouliez-vous effacer le souvenir de mon existence ou m'avez-vous gardé un espace dans le secret de votre cœur?

Vous détenez la clé pour continuer ou non notre histoire commune au-delà des neuf mois que nous avons passés ensemble.

Si vous refusez de rester en contact avec moi, accepteriez-vous au moins de m'en dire plus sur mon père biologique?

Merci d'avoir lu, Susanne, et merci surtout de m'avoir donné la vie.

Sincèrement

Jean-Marie

The meaning of my action to you is surrounded by a real confidence, confidence because life taught me to be optimistic. Of course, I could believe that it's too late, that I have no more legitimacy to offer today in your life than 55 years ago, that maybe this part of your past has been kept secret and so you might fear that I bring mess and trouble... Be certain that even if I would be so joyful to meet you, I would never do anything that would put you in an uncomfortable situation. Having discovered who you are is already a miracle!

Was I a child of love or of pain? Did you want to erase the souvenir of my existence or did you keep me a space in your secret part of your heart?

You are holding the key to continue or not our common story beyond the nine months we spent together.

If you refuse to keep in touch with me, maybe would you at least accept to tell me more about my biological father?

Thank you for reading, Susanne, and thank you so much for having given me life.

Sincerely,

Jean-Marie

"For several days, I waited for news," he says. "Then, on the 24th of January, my adoptive mother's birthday, I got a reply by email."

Dear Jean-Marie,

I got your lovely letter a few days ago and have been writing you in my mind ever since. First, let me say that my first emotion, after my initial amazement, was joy.

That such things are possible in my lifetime, and that you seem to be everything a person could hope for in a newly found son. I do feel that you are way ahead of me in terms of knowing about the family, so I have some catching up to do.

« Pendant plusieurs jours, j'ai attendu des nouvelles », dit-il. « Puis, le 24 janvier, jour de l'anniversaire de ma mère adoptive, j'ai reçu une réponse par mail ».

Cher Jean-Marie,

J'ai reçu ta très belle lettre il y a quelques jours. Depuis, chaque jour, je t'écris dans mon esprit.

Premièrement, laisse-moi te dire que ma première émotion, après ma surprise initiale, fut la joie.

Que ce genre de choses soit possible dans ma vie, et que tu sembles être tout ce qu'une personne pourrait espérer, dans ce fils nouvellement trouvé.

Je pressens que tu es bien plus en avance en termes de connaissance sur la famille que je ne le suis. J'ai du rattrapage à faire.

Je comprends que tu souhaiterais en savoir plus sur ton père biologique. J'aimerais tant pouvoir t'en dire plus, mais la vérité est que je ne sais pas grand-chose. Nous nous sommes rencontrés à Dakar lorsqu'à l'été 1962 j'avais mis le cap sur le sud en partant en stop depuis Blois. J'étais avec 2 jeunes enseignantes Françaises avec lesquelles je vivais et que j'avais rencontrées lorsque « j'enseignais » l'Anglais au Lycée de jeunes filles là-bas. C'était les années 60, et nous étions remplies de l'énergie et des idéaux de cette époque.

Nous sommes devenues amies et compagnes de route avec quelques étudiants sénégalais qui avaient pris un bateau pour descendre la rivière Casamance vers Zuiginchor au sud. Nous étions jeunes et pleines de vie mais avec peu de discernement et c'est ainsi que tu débutas ta vie.

Certainement une rencontre amicale que je n'ai jamais regrettée.

Une fois que je découvris le résultat de mon étreinte du monde et de tous ces éblouissements, je fus bien sûr face à un gros problème. Comme tu dois le savoir, je suis issue d'une famille Catholique conservatrice (pas politiquement mais juste socialement). Une famille d'en-

I know you are very interested to know about your biological father. I wish I could tell you a lot, but in truth I don't really know a lot. We met in Dakar when I was hitching south from Blois in the summer of '62. I was with 2 young French women teachers with whom I had been living when I 'taught' English at the lycée de jeunes filles there. It was the 60's, we were full of the idealism and energy of the time. We became friends and traveling companions with some Senegalese students and were taking a ride on a boat down the Casamance River to Zuiginchor in the south. We were young and full of life but little judgement so that is how you began your life. Certainly a friendly if not devoted encounter that I didn't regret.

Of course when I discovered the result of my embrace of the world and all its wonders, I was faced with a big problem. As you probably know I was from a conservative (not politically, just socially) Catholic family of public school teachers and principals. Not easy at all during that time in the states. So I did try to stop the process (and I am so happy to say it didn't work) and decided very soon that adoption would be the most intelligent option. The young man (Alexandre M'Baye) sent me to a friend for some home remedy which was scary but thankfully also didn't work, and he came to see me at the home of the family I worked for as an au pair – Paige and ? Richard-D'Aulnay at 16 Ave Marceau, the husband was a doctor, and the wife was an American journalist – before you were born. Alex said he wanted to take you to his family in Senegal. Here I hope you can understand my dilemma. If I kept you, life in the States would have been difficult then, if I stayed in France I would be jobless, if you were taken off to Dakar I had no reason to think your life would have been full of wonderful opportunities. I had been taken to visit my friend's home and it was not an affluent area.

So faced with these choices, I felt the best was to trust you to the adoption services of the Maison d'Heuqueville. (I tried to look that up at one point not too long ago and didn't find it in the Paris phone

seignants et de proviseurs d'école publique. Pas facile du tout en ce temps-là aux Etats-Unis.

Alors j'ai essayé d'arrêter le processus (et je suis si heureuse d'y avoir échouée) et je décidai très vite que l'adoption serait l'option la plus intelligente. Le jeune homme (Alexandre M'Baye) m'envoya chez un ami pour un remède maison qui était effrayant mais qui, par bonheur échoua aussi. Avant ta naissance, il vint me voir à la maison de la famille pour laquelle je travaillais comme au-pair (Paige et ...(?) Richard d'Aulnay – 16 avenue Marceau). Lui était médecin et sa femme journaliste américaine. Alex m'a dit qu'il souhaitait te ramener au Sénégal dans sa famille. J'espère qu'à ce point tu peux comprendre mon dilemme. Si je t'avais gardé, la vie aux Etats-Unis aurait été difficile en ce temps-là. Si j'étais restée en France j'aurais été sans emploi. Je n'avais enfin aucune raison de penser que ta vie à Dakar aurait été comblée de merveilleuses opportunités. Je fus emmenée pour une visite dans la maison de mon ami et ce n'était pas une région prospère. Alors face à ces choix, je sentis que le mieux était de te confier au service d'adoption de la maison d'Heuqueville (il n'y a pas si longtemps j'ai essayé de les trouver dans l'annuaire parisien, mais sans succès. Je ne suis pas allée plus loin). Je suis restée en contact avec eux jusqu'au moment où je reçue une lettre m'informant que tu avais été adopté par une famille aimante.

Dès lors, je lâchais un peu prise; mais il y eut peu de 15 mai passés sans que je pense à ce que cette date signifiait pour moi. Il y avait toujours, comme tu le dis, cet espace pour toi dans mon cœur.

Je ne sais pas si Ted ou quelqu'un d'autre t'a dit que ma santé est fragile à présent. J'ai une mauvaise maladie des poumons qui s'appelle « Fibrose pulmonaire interstitielle Idiopathique ». J'ai fait pas mal de choses qui ont pu y contribuer tels que fumer, respirer la poussière de charpente et de céramique.

En tout état de cause, c'est merveilleux que tu aies pu me trouver. J'avais parlé de toi à mon mari avant que nous nous marrions.

book, but that was as far as I got.) I stayed in touch with them until I got a letter saying you had been adopted by a loving family. At that point I let go a bit – but there have been few May 15s that have passed without me thinking of what that date meant – so there was always a corner in my heart, as you put it.

I don't know if Ted or anyone has mentioned that my health is poor now. I have a nasty lung disease called Interstitial Pulmonary Fibrosis. Idiopathic – though I have done a few things that could easily have contributed, like smoking, carpentry dust, clay dust.

Anyway it is amazing you have found me now. I had told my husband about you before we married – I am sure he has forgotten it. (He had a stroke 6 years ago and is in a wheelchair and losing some mental clarity at this point.) But my children, Nathanael and Jennie, are unaware. I think, hope they will get through their first shock and understand why I had kept this part of my life in a closed space in my heart. I want them to be able to embrace this news joyfully too. It pains me that for 3 years Clément has been at Berklee and Jennie and her family are right next door in Brookline. It would have been so amazing if they could have known each other.

Because Wade's (my husband) health is not good – he has had pneumonia – Jennie plans to come down here Sunday evening. Nathanael will come by too – he and his family live in Brooklyn – to visit with their dad. So I have a good moment to talk to them. Please hope with me that they can understand their mother's decision, secrecy, and discovery.

Thank you for sending the Voisins booklet and the CDs. And the photos. There is a strong family resemblance, especially to my brother. Please send me a note that you got this very long email. And I will be in touch after the next several days when I will have talked to the 'kids'.

With happiness to know you are there and such an amazingly understanding person,

Susanne

Je suis sûr qu'il a oublié. (Il a eu un AVC il y a 6 ans et maintenant il est en chaise roulante et a perdu à présent un peu de clarté intellectuelle).

Mes enfants, Nathanaël et Jennie ne savent rien. Je pense et j'espère qu'une fois passé le premier choc et ils comprendront pourquoi j'ai gardé cette partie de ma vie secrètement verrouillée dans un endroit de mon cœur. J'ai aussi envie qu'ils accueillent cette nouvelle joyeusement. Cela m'a fait de la peine de savoir que Clément pendant 3 ans était à Berklee pendant que Jennie était tout près à Brookline avec sa famille. Cela aurait été si incroyable qu'ils se côtoient et fassent connaissance.

La santé de Wade, mon mari, n'est pas bonne, il a eu une pneumonie – Jennie a prévu de venir ici dimanche soir. Nathanaël viendra aussi avec sa famille qui habite Brooklyn rendre visite à leur papa. J'aurai donc un bon moment pour leur parler. Je t'en prie, espère avec moi qu'ils pourront comprendre la décision de leur mère, ainsi que le choix du secret, et cette découverte.

Je te remercie pour l'envoi du petit ouvrage des Voisins et des CD, ainsi que les photos. Il y a une grande ressemblance familiale surtout du côté de mon frère. Dis-moi que tu as bien reçu ce très long courriel et je serai en contact après ces quelques jours, lorsque j'aurai parlé aux enfants.

Avec le bonheur de savoir que tu es là, un être si incroyablement compréhensif,

Susanne

Ce que j'ai ressenti est très difficile à décrire, dit maintenant Jean-Marie à propos de cette missive, mais c'était une grande émotion, voire immense! C'était comme si un énorme vide en moi se remplissait subitement d'un océan d'eau douce. Ce fut l'un des moments les plus intenses qu'il m'ait été donné de vivre. Soudain, l'inconnu est devenu connu, et une foule de choses qui n'ont jamais été nommées ont trouvé des noms, ont trouvé un

"What I felt is very difficult to describe," Jean-Marie now says of this missive, "but it was a great, indeed immense, emotion. It was as if a huge emptiness within me was being filled with an ocean of sweet water. It was one of the most intense moments I have ever felt. Suddenly the unknown became known, and a host of things that went unnamed found names, found territory." Her name: Susanne. New York: he had walked on the street where she lived. His name: Alexandre. Senegal: he had been there to play and compose music. Now these were his places. Now he had roots.

THE CAVANAGHS

The handsome U.S. Naval officer who had visited his uncle's family in England was Francis Cavanagh, as Bronwyn's mother recalled when Jean-Marie got in touch. His parents, William and Julia, had emigrated from Ireland in the late 1800s. In 1934, Francis (known as Cav) married Dorothy (Dolly) Knowlton Fisk, descendent of Mayflower pilgrims and U.S. Revolutionary War heroes. He was a school principal in Framingham, Massachusetts, and she was a teacher and homemaker. Their first-born was a son, Robert, vivacious and precocious, destined to enter Yale at sixteen. Then they had a daughter, Susanne, born in 1940, just before the U.S. went to war. Cav volunteered for the Navy and spent six years commanding the naval armed guard on a Liberty Ship, which ferried supplies to the Allies in Europe across dangerous Atlantic waters.

Later, Cav remained in the Naval Reserve, teaching ordnance use on the weekends at the Armory in Springfield. His were practical hands; he had taught carpentry and industrial arts, among other things, before becoming a principal. Their third child, Jane, was born in 1949. "All three of us learned our way around tools at a very young age," Jane recalls. "When he died, Susanne and I almost came to blows over who would inherit his clamps." The Cavanagh children were brought up to be practical and capable, but also to apply those skills creatively.

territoire. Elle s'appelle Susanne. New York: lui avait marché dans la rue où elle vivait. Il s'appelle Alexandre. Sénégal: lui y était venu pour jouer et composer de la musique. A présent, ces endroits étaient aussi les siens. Maintenant, il avait ses racines.

LES CAVANAGHS

Le bel officier de marine américain rendant visite à la famille de son oncle en Angleterre était Francis Cavanagh, comme la mère de Bronwyn s'en souvint lorsque Jean-Marie eut pris contact avec eux. Ses parents, William et Julia, avaient émigré d'Irlande à la fin des années 1800. En 1934, Francis (connu sous le nom de Cav) a épousé Dorothy (Dolly) Knowlton Fisk, descendante de pèlerins du Mayflower et de héros de la guerre d'indépendance des États-Unis. Il était directeur d'école à Framingham, dans le Massachusetts, elle, était enseignante et mère au foyer. Leur fils Robert est né, vif et précoce, destiné à entrer à Yale à seize ans, suivi d'une fille, Susanne, née en 1940, juste avant que les États-Unis n'entrent en guerre. Cav s'est porté volontaire pour la marine et passa six ans à commander la garde de l'armée navale sur un « Liberty Ship », transportant, des fournitures aux Alliés en Europe, dans les eaux dangereuses de l'Atlantique.

Plus tard, Cav est resté dans la Réserve navale, enseignant l'utilisation des munitions le week-end à l'Armurerie de Springfield. Il était doué d'une dextérité hors du commun ; il avait enseigné la menuiserie et les arts industriels, entre autres, avant de devenir directeur. Après la naissance d'une troisième fille, Jane, en 1949, « Il nous a tous les trois appris à utiliser les outils à un âge très jeune », se souvient Jane. « Quand il est mort, Susanne et moi avons failli nous disputer durement de qui allaient hériter de ses outils »! Ils ont été élevés pour être des personnes dotées du bon sens commun et dégourdis, mais aussi pour appliquer des compétences de manière créative.

« Je trouve intéressant que le père adoptif de Jean-Marie voulait qu'il se lance dans la menuiserie », se souvient Jane, « mais il s'est retrouvé attiré par la musique et ne savait pas pourquoi. Nous étions tous musiciens. Tout

"I find it interesting that Jean-Marie's adoptive father wanted him to go into carpentry," Jane muses, "but he found himself drawn to music and didn't know why. We were all musicians. Everybody sang and played various instruments. That's what people did in those days in Irish families. Even if you were poor, you had a piano. Ours was a hand-me-down from the local elementary school. My mother's mother was a church organist, and her father sang in Gilbert and Sullivan musicals. My father's brother was an arranger for the Boston Pops Orchestra. So, we came by music from both sides." Susanne played clarinet in high school and flute as an adult, while her brother Rob sang and Jane picked up piano and guitar.

Their mother, Dolly, played concert-level violin but always privately. She also spoke French around the house occasionally, particularly if she wanted to swear (something Susanne did with Jennie and Nathanael years later). "Our mother was an incredibly talented person," says Jane. "We both saw in her that lack of fulfillment, entertaining what could have been, but the time just wasn't right for women. I wanted to be a Red Sox player and a West Point cadet, and was told repeatedly that I could not be either, because I wasn't a boy. But I don't think Susanne had the same experience. She spent most of her childhood either creating art or thinking about art. And when she wasn't doing that, she was riding a horse or ice skating."

SUSANNE'S ADVENTURE

It wasn't until Susanne attended Tufts' sister college, Jackson, and waitressed at the Fletcher School of Law and Diplomacy between 1957 and 1961, that her interest in the wider world blossomed. She would later tell Jean-Marie that she was caught up in the idealism of the times. Civil rights and globalization were beginning to take hold, and Susanne was set alight by the emerging paradigms. She began to have fascinating conversations with the international students she was serving in the dining

FRANCIS AND DOROTHY CAVANAGH WITH JANE (LEFT/GAUCHE) AND SUSANNE (RIGHT/DROITE)

le monde chantait et jouait de divers instruments. C'est ce que les gens faisaient à l'époque dans les familles irlandaises. Même si vous étiez pauvre, vous aviez un piano. Le nôtre était une récup' de l'école primaire locale. La mère de ma mère était organiste d'église et son père chantait dans des comédies musicales de « Gilbert et Sullivan ». Le frère de mon père était arrangeur pour le Boston Pops Orchestra. Nous sommes donc venus par la musique des deux côtés ». Susanne a joué de la clarinette au lycée et de la flûte traversière à l'âge adulte, son frère Rob chantait tandis que Jane appris le piano et la guitare.

Leur mère, Dolly, jouait du violon à un niveau professionnel, mais toujours en privé. Elle parlait aussi Français autour de la maison de temps en temps, surtout si elle voulait jurer (ce que Susanne a fait avec Jennie et Nathanael des années plus tard). « Notre mère était une personne incroyablement talentueuse », dit Jane. « Nous avons toutes les deux décelé en elle ce manque d'épanouissement, se divertissant de ce qui aurait pu l'être, mais le moment n'était tout simplement pas bon pour les femmes. Je voulais être une joueuse

room. There were many West Africans, with whom she spoke French. "At Thanksgiving, she would bring home the most exotic friends," Jane says wryly. "It was very exciting to me as a young kid."

Set, now, upon this wider world, Susanne applied for a U.S. Fulbright Scholarship, established by Congress after the war to promote international understanding and collaboration. Her performance at Jackson College was so strong that she won the scholarship for two years of work and study in France. She had started learning French at an early age from an aunt who spoke it fluently and had studied there herself in the 1930s. And Susanne had been to France twice before – once traveling with another family on the Queen Mary and the other time as part of the Experiment in International Living. One imagines her parents being very proud, particularly of the recognition Susanne received in the *Boston Globe* for the Fulbright. Few recipients at the time were women.

The Fulbright funding took her first to the river town of Blois, in the Loire Valley, where she was assigned a position at the Lycee Jeunes Filles de Blois. Here she also made three life-long friends. One was Jacqueline Bordy, there to teach natural history. Another was Nicole Chaplain, who taught drawing. The third was Lesley Kelley from Yorkshire, who joined Susanne in leading English conversation classes for tweens and teens. "As soon as I met Susanne, I was so happy," Lesley says, "because the two British girls [I came with] were a bit too *obviously* British, with their pleated skirts and cardigans. I kind of shrank. But with Sue [as she was called then], we hit it off right away. We spoke French immediately, and all through our friendship."

Susanne, Jacqueline, and Nicole rented the second floor of a house with Lesley living nearby. "We formed a tight little group," says Jacqueline. "Susanne was a very light-hearted, joyful person. She was very open to others." And it was a busy group. On Saturdays, Nicole and Susanne studied sculpture at the Beaux Artes in Orleans. On Sundays, they would visit chateaux in the Loire, or dance the Twist in bars and

de baseball dans les Boston Red Sox et un cadet de West Point et on m'a répété à plusieurs reprises que je ne pouvais pas l'être non plus, parce que je n'étais pas un garçon! Mais je ne pense pas que Susanne ait vécu la même expérience. Elle a passé la majeure partie de son enfance à désirer être artiste et à penser à l'art. Et quand elle ne le faisait pas, elle montait à cheval ou faisait du patin à glace »!

L'ÉPOPÉE DE SUSANNE

Ce n'est que lorsque Susanne fréquenta l'université sœur de Tufts, à Jackson, et fut serveuse à la « Fletcher School of Law and Diplomacy » entre 1957 et 1961, que son intérêt pour le monde entier naquît. Elle dira plus tard à Jean-Marie qu'elle était prise dans l'idéalisme de l'époque. Les droits civiques et la mondialisation commençaient à surgir, et Susanne a été mise à l'épreuve par les règles émergentes. Elle a commencé à avoir des conversations fascinantes avec les étudiants internationaux qu'elle servait dans la salle à manger. Il y avait beaucoup d'Africains de l'Ouest, avec qui elle parlait Français. « À Thanksgiving, elle ramenait à la maison les amis les plus exotiques », dit Jane avec malice. « C'était très impressionnant pour moi en tant que jeune enfant ».

A présent, épanouie et ouverte sur le monde extérieur, Susanne postula pour une bourse « Fulbright » des États-Unis, une bourse établie par le Congrès après la guerre pour promouvoir la compréhension des peuples ainsi que la collaboration internationale. Sa performance au Jackson Collège fut si impressionnante qu'elle remporta la bourse ce qui lui permit d'avoir l'opportunité pendant deux ans de travailler et d'étudier en France. Elle avait commencé à apprendre le Français à un âge précoce auprès d'une tante qui le parlait couramment et qui l'avait elle-même étudié dans les années 1930. Susanne était déjà allée en France deux fois auparavant – une première fois en voyageant avec une autre famille sur le paquebot « Queen Mary » et une deuxième fois dans le cadre de l'expérience de vie internationale.

cafes. They didn't date anyone. Instead, they got swept up in friendship and adventure. "One night in the middle of winter, we all took broom sticks and danced down the main street in Blois to the river," says Lesley. Once, they hitchhiked to Amsterdam, and otherwise went all around the French countryside, staying in youth hostels. "Sue was quite ready to set off anywhere and explore places she didn't know," says Lesley. "Truck drivers would pick us up, because they'd love a chat. Then they'd guess where we were from." For some reason, these amiable long-haulers would confidently identify Susanne as Dutch, and black-haired Lesley as Italian. The girls would then playfully adopt these personas. For Christmas that year, Susanne joined Lesley's family in Yorkshire. Lesley recalls, "She was such a sunny person. She just fit in so well with everybody she met."

SENEGAL

In July of 1962, the friends decided to go to Africa. Nicole's brother had a friend who was working on a peanut plantation in Senegal. How interesting, they all thought, it would be to go there. They left from Paris on July 4th and made their way by train to the Porte d'Orléans. From there, they hitchhiked through Spain: Barcelona (after which Lesley departed for England), Valencia, Alicante, Malaga, and south to Gibraltar. Then the magic of Morocco: Tangier, Rabat, Casablanca, and Marrakech. At the end of the month, they found passage on a German cargo ship headed down the coast of West Africa. The captain, doubtless delighted, invited them to dine at his table.

The friends arrived at the port of Dakar on the 3rd of August, a time of steamy humidity, the landscape stirred to flowering by rain; the baobab trees were in bloom. Under French colonial rule, Dakar had been known as the 'Paris of Africa.' The city – surrounded on three sides by the Atlantic – was colonial in style, with wide boulevards and sparkling fountains, into which citizens tossed their sous (the currency) for good

On peut imaginer à quel point ses parents furent très fiers, notamment de la citation de Susanne dans un article du quotidien « The Boston Globe » pour son obtention du « Fulbright », dont peu de bénéficiaires à l'époque étaient des femmes.

Le financement « Fulbright » l'a d'abord amenée dans la ville fluviale de Blois, dans la vallée de la Loire, où elle fut affectée à un poste au Lycée de Jeunes Filles. C'est là qu'elle se fit trois très bonnes amies pour la vie. L'une d'elles s'appelait Jacqueline Bordy, elle y enseignait l'histoire naturelle. La seconde se prénommait Nicole Chaplain, et enseignait le dessin. La troisième se prénommait Lesley Kelley et venait du Yorkshire en Angleterre. Elle avait organisé avec Susanne des cours de conversation en anglais pour les préadolescents et les adolescents français. « Dès que j'ai rencontré Susanne, j'étais tellement heureuse », dit Lesley, « parce que les deux filles britanniques avec lesquelles je voyageais étaient un peu trop coincés, avec leurs jupes plissées et leurs cardigans. Je me sentais en quelque sorte à l'étroit! Alors qu'avec Sue comme nous l'appelions alors, nous avons tout de suite sympathisé. Nous nous sommes mises à parler Français immédiatement, et ce, tout au long de notre amitié ».

Susanne, Jacqueline, et Nicole ont loué le deuxième étage d'une maison avec Lesley vivant à proximité. « Nous avons formé un petit groupe bien soudé », dit Jacqueline. « Susanne était une personne très légère et joyeuse. Elle était très ouverte aux autres ». Nous étions un petit groupe fort occupé! Le samedi, Nicole et Susanne étudiaient la sculpture aux Beaux-Arts d'Orléans. Le dimanche, nous visitions les châteaux de la Loire, ou dansions le Twist dans les bars et les cafés. Nous ne sortions avec personne. Au lieu de cela, nous avons été pris dans le tourbillon de l'amitié et de l'aventure ».

« Une nuit d'hiver, nous avons toutes pris des balais et dansé dans la rue principale de Blois jusqu'à la rivière », explique Lesley. Une fois, nous fîmes de l'auto-stop jusqu'à Amsterdam, nous avons aussi voyagé tout autour des campagnes Françaises, séjournant dans des auberges de jeunesse.

« Sue était tout à fait prête à partir n'importe où et à explorer des endroits qu'elle ne connaissait pas », dit Lesley. « Les camionneurs nous ont pris en

SUSANNE WITH JACQUELINE

NICOLE WEARING A MASK OF SUSANNE
THAT THEY MADE TOGETHER
NICOLE PORTE LE MASQUE DE SUSANNE
QU'ELLES ONT FAIT ENSEMBLE

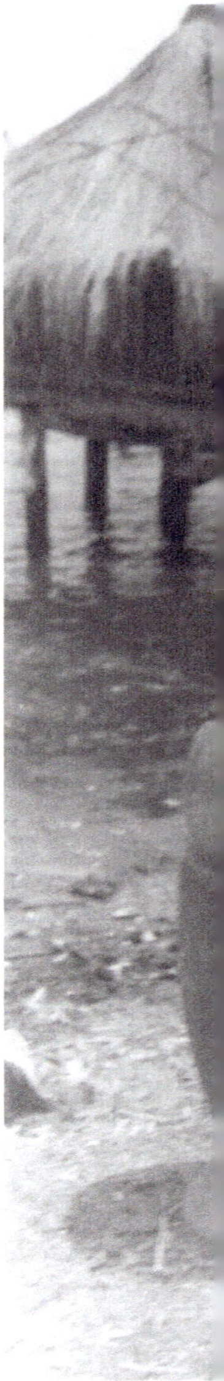

SUSANNE AT THE CHATEAU DE BLOIS

SUSANNE IN SENEGAL

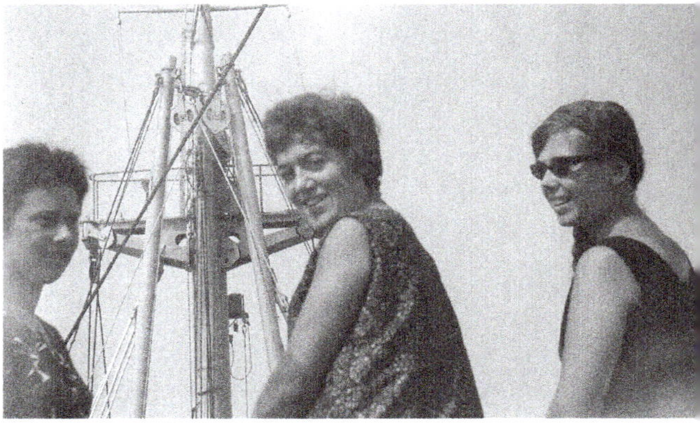

SUSANNE WITH NICOLE AND JACQUELINE

luck. But the Senegal the travellers discovered was in the midst of a cultural renaissance.

Senegal's non-violent declaration of independence, which had occurred only two years earlier in 1960, had energized the country. A new artistic and intellectual movement, known as the Dakar School, sought to integrate traditional African practices and values with European modernity. President Leopold Senghor, the 'philosopher king,' had been part of a circle of anti-colonial writers and editors in France. He contributed to the journal *Presence Africaine* and the debates about the concept of "Negritude," a stance on African identity that defied colonial racism. Now, as the country's first president, he poured resources into culture. "It is necessary," Senghor wrote, "for us Black Africans to root ourselves in the values of Negritude, to hold on to our gifts of analogy, and of rhythm." Culture would – and did – become one of Senegal's notable exports.

The three young travellers from Blois entered a world bright with sound and the energy of change. They paid for dorm rooms at the City University of Dakar, where they attended a student party before heading off to explore the island of Gorée, the village of Saloum, and a peanut plantation near Kaolak, hosted by Nicole's brother's friend. From there, by bus and ferry, they crossed Gambia where it intersects the northern and southern regions of Senegal, to settle into a five-day stay in Ziguinchor on the banks of the Casamance River, which was where Alexandre M'Baye stepped into the slipstream of fate to become Jean-Marie's father.

"Ziguinchor was beautiful and mysterious, filled with music and rituals," Jacqueline recalls. "It felt like the heart of Africa." They were near the Casamance River, which flowed past Ziguinchor to the sea, with the current washing around forested islands. Hippos and crocodiles sunned themselves, while colorfully painted pirogues carried fishermen from the traditional villages.

Fascinated by the culture and cooled by the trade winds, the friends

stop parce qu'ils adoraient discuter. Par la suite, ils essayaient de deviner d'où nous venions »! Pour une raison inconnue, ces aimables transporteurs routiers voyaient en Susanne une néerlandaise et prenaient Lesley aux cheveux noirs pour une italienne. Les filles adoptèrent alors ces personnages pour s'amuser! Pour Noël cette année-là, Susanne rejoignit la famille de Lesley dans le Yorkshire. Lesley se souvient: « C'était une personne tellement solaire. Elle s'intégrait si bien avec tous ceux qu'elle rencontrait ».

SÉNÉGAL

En juillet 1962, les amies décidèrent d'aller en Afrique. Le frère de Nicole avait un ami qui travaillait dans une plantation d'arachides au Sénégal. « Comme se serait intéressant d'y aller » pensèrent-elles toutes. Elles partirent de Paris un 4 juillet et se rendirent en train à la Porte d'Orléans. De là, elles firent de l'auto-stop vers l'Espagne: Barcelone (après quoi Lesley est repartie pour l'Angleterre), Valence, Alicante, Malaga et au sud de Gibraltar. Puis la magie épicée du Maroc: Tanger, Rabat, Casablanca, Marrakech. À la fin du mois, elles se retrouvèrent passagères d'un cargo allemand qui descendait les côtes de l'Afrique de l'Ouest. Le capitaine les invita même à dîner à sa table, sans aucun doute ravi.

Les amies arrivèrent au port de Dakar le 3 août, une période d'humidité torride, le paysage florissant sous la pluie ; les baobabs étaient en bourgeons. Sous domination coloniale Française, Dakar était connue sous le nom de « Paris de l'Afrique ». La ville – bordée des trois côtés par l'océan Atlantique – était de style colonial, avec de larges boulevards et des fontaines étincelantes, dans lesquelles les citoyens jetaient leur petite monnaie pour attirer la chance! Mais le Sénégal où nos voyageuses arrivèrent était en pleine renaissance culturelle.

La déclaration d'indépendance non violente du Sénégal, qui avait eu lieu seulement deux ans plus tôt, en 1960, avait dynamisé le pays. Un nouveau mouvement artistique et intellectuel, connu sous le nom d'« École de Dakar », chercha à intégrer les pratiques et les valeurs africaines traditionnelles à la

were enjoying themselves at a hotel when, according to Jacqueline, a young man introduced himself as Alex. He was a student in Dakar, vacationing with his friends Nicolas, Bouna, and Bashir, whose father was a local government official. The young people chatted in French, and wandered the city together for a few days. Susanne would later recall in the email she sent to Jean-Marie, "We were young and full of life but little judgement, so that is how you began your life."

The young women returned to Dakar and, culturally curious and adventurous, they wanted to see Alex's home town, M'Bour, a fishing village on the outskirts of the city of Joal. They found the high school he had attended, "a European school with a very strict director," according to Jacqueline. He hadn't graduated, though. Alex and fellow seniors had heckled the stiff-necked director and gotten themselves thrown out. At the time, he had been hoping to study in France, but instead, he enrolled at university in Dakar.

Susanne was curious to meet Alex's family. M'Baye was (and still is) one of the most prominent griot family names in Senegal. At the heart of the nation's culture lies percussion, and at the center of percussion stands the "griot," a drummer who acts as a bard: the keeper of genealogy, the oral historian, the praise-singer. In Senegal, the griots are known as "masters of the Sabar," a type of drum unique to the region that is featured in everything from baptism ceremonies to political rallies, with key families passing along the technique across generations.

In 1998, internationally-acclaimed percussionist Macheikh M'Baye said, "In Wolof [the primary language in Senegal] in general, all those people named M'Baye, they are [griot]... Our foreparents used to beat the drums. They used to be in front of the warriors." The interplay between genetics, family history, and musicality in Senegal is complex, not quite defined the way it would be in France or America. There are extended households, with multiple generations and relationships, with the word for 'relative' in Wolof literally translating as, 'to share.' More often than not, what they're sharing is music.

modernité européenne. Le président Léopold Sédar Senghor, le « roi philosophe », avait fait partie d'un cercle d'écrivains et d'éditeurs anticoloniaux en France. Il contribua à la revue Présence Africaine et aux débats sur le concept de « négritude ». Une position sur l'identité africaine qui défiait le racisme colonial. A présent, en tant que premier président du pays, il investissait des budgets pour la culture. « Il est nécessaire, écrivit Senghor, pour nous, Africains, de nous enraciner dans les valeurs de la négritude, de nous accrocher à nos dons d'analogie et de rythme ». La culture allait devenir – et devînt – l'une des exportations notables du Sénégal.

Les trois jeunes voyageuses de Blois entrèrent dans un monde lumineux accompagnées du son et de l'énergie du changement. Elles se payèrent un dortoir à la cité universitaire de Dakar, où elles assistèrent à une fête étudiante avant de partir à la découverte de l'île de Gorée, du village de Saloum et d'une plantation d'arachides près de Kaolak. Elles furent hébergées par l'ami du frère de Nicole. De là, en bus et en ferry, elles traversèrent la Gambie où elles croisèrent les régions nord et sud du Sénégal. Elles finirent leur excursion par un séjour de cinq jours à Ziguinchor sur les rives de la Casamance, où Alexandre M'Baye entra dans le courant du destin pour devenir le père de Jean-Marie.

« Ziguinchor, était belle et mystérieuse, remplie de musique et de rituels », se souvient Jacqueline. « Cela s'apparentait au cœur de l'Afrique». Ils étaient près de la rivière Casamance, qui coulait au-delà de Ziguinchor jusqu'à la mer, avec le courant s'écoulant autour des îles boisées. Les hippopotames et les crocodiles se faisaient bronzer, tandis que des pirogues peintes de multiples couleurs transportaient les pêcheurs des villages traditionnels.

Fascinées par la culture et rafraîchies par les alizés, les amies s'amusaient dans un hôtel quand, selon Jacqueline, un jeune homme s'est présenté comme Alex. Il était étudiant à Dakar, en vacances avec ses amis Nicolas, Bouna et Bashir, dont le père était un fonctionnaire du gouvernement local. Les jeunes ont conversé en Français et ont erré ensemble dans la ville pendant quelques jours. Susanne se souviendra plus tard dans le courriel qu'elle a

Back in Dakar after their day trip to Alex's village, Nicole and Susanne were eating a rice dish that his family had prepared for them when the young man himself appeared. He and his friends had decided to interrupt their holiday in Ziguinchor to rejoin the girls. They must have been entranced by them. "They became our escorts," says Jacqueline, "and we hung out on the campus. I suspected something was going on between Sue and Alex, but we didn't ask. They were discreet, and we left them to themselves." After a few more carefree days, the women departed Africa on a German tanker and sailed to Bordeaux. Unbeknownst to Susanne, she carried within her a son.

PARIS

It was exciting to be young in Paris in the early 1960s with Edith Piaf on the radio, crooning "Non, je regrette rien," and Audrey Hepburn filming Charade. Cafe tables spilled out onto the cobblestones, where one could order crème de menthe and read *Le Monde* or the *International Herald Tribune*. Everyone called the phone "l'appareil," or the apparatus, and rang one another to arrange dinner dates and trips to galleries.

Entering the second year of her Fulbright, Susanne moved from Blois to Paris to study sculpture at the Sorbonne. She found lodging in the maid's room on the fifth floor of a house owned by a couple, a physician and a journalist, who had a baby. In exchange for room and board, she helped look after the little girl, while taking classes.

Then, she discovered she was pregnant. She never described, precisely, what that moment was like. The decade of the Sixties involved an unsettling paradox, rarely discussed. Young men expected women to be freer with their sexuality – and many women wanted to be – but effective birth control was nearly impossible to come by. While "free love" was prevalent, abortion was illegal in most of Europe and the United States, and protection took the form of a wing and a prayer.

envoyé à Jean-Marie: « Nous étions jeunes, pleins de vie, mais peu avisés; c'est ainsi que tu as commencé ta vie ».

Les jeunes femmes retournèrent à Dakar, curieuses et aventureuses sur le plan culturel. Elles voulaient voir la ville natale d'Alex , M'Bour, un village de pêcheurs à la périphérie de la ville de Joal. Elles trouvèrent le lycée qu'il avait fréquenté, « une école européenne avec un directeur très strict », selon Jacqueline. Il n'avait pas obtenu son diplôme. Alex et d'autres camarades avaient chahuté le sévère directeur et s'étaient fait renvoyer. À l'époque, il espérait étudier en France, mais au lieu de cela, il s'inscrivit à l'université de Dakar.

Susanne était curieuse de rencontrer la famille d'Alex. M'Baye était et est encore l'un des noms de famille de griots les plus en vue au Sénégal. Au cœur de la culture de la nation se trouve la percussion, et au centre de la percussion se trouve le « griot », un percussionniste qui agit comme un troubadour: le gardien de la généalogie, l'historien oral, le chanteur de louange. Au Sénégal, les griots sont connus sous le nom de « maîtres du Sabar », un type de tambour unique à la région qui est présent dans tout, des cérémonies de baptême aux rassemblements politiques, avec des familles clés transmettant la technique de cet instrument au fil des générations.

En 1998, le percussionniste de renommée internationale Macheikh M'Baye déclara:

« En wolof qui est la langue principale du Sénégal, en principe toutes les personnes nommés M'Baye, sont griots. Nos ancêtres battaient les tambours. Ils étaient devant les guerriers ». L'interaction entre la génétique, l'histoire familiale et la musicalité au Sénégal est complexe, pas tout à fait définie comme elle le serait en France ou aux Etats-Unis. Il y a des familles étendues, de plusieurs générations et de nombreuses relations, le mot pour « parent » en wolof se traduisant littéralement par « partage ». Le plus souvent, ce qu'ils partagent, c'est de la musique.

De retour à Dakar après leur randonnée d'une journée dans le village d'Alex, Nicole et Susanne mangeaient un plat de riz que sa famille leur avait préparé lorsqu'apparut en personne le jeune homme. Ils avaient décidé

Between 1945 and 1973, in America alone, 1.5 million babies were given up for adoption. About the same number of women were swept into hasty marriages, and their babies were termed 'premature.' One study estimates that, in the 1950s, 40 percent of women under 20 had experienced sexual intercourse. Yet effective birth control was illegal for unmarried adults to procure, both in the United States and in France. "Almost every graduating class had a girl who disappeared," notes the journalist Ann Fessler. "Everyone knew where she had gone, and that she had most likely been told, 'If you love your child, you must give it up, move on with your life and forget.'"

Decades later, Susanne would describe the dilemma she faced. Her "embrace of the world and all its wonders" left her with few options. She considered raising a bi-racial child as an unwed mother in the U.S., where the civil rights movement was still in its nascence and racial segregation remained on the books. Alex offered to take their child back to Senegal to be raised by his family. But she felt that the baby would have better opportunities in more progressive France than in the U.S. or Senegal.

"I would go to Paris from London," Lesley recalls of this year. "She told me she was going to go through with an adoption at the American Hospital, but she didn't tell me anything about the father. I thought it was the captain of the ship. I look back now, and I think, 'Why didn't I ask such-and-such a question?' but we were young."

They were young, and women who got pregnant out of wedlock carried the weight of their predicament in careful, desperate silence. The social stigma of keeping an illegitimate child in this era was off the charts, particularly for middle-class families, where motherhood was synonymous with marriage. The need to keep the secret was so culturally powerful that many young mothers internalized it for decades. As one of them told Fessler for her book, *The Girls Who Went Away,* "As soon as the time drew near that we were going to do this interview, all these physical things started happening. My jaw doesn't want to open

d'interrompre, avec ses amis, leurs vacances à Ziguinchor pour rejoindre les filles. Elles furent fascinées « Ils sont devenus nos escortes, dit Jacqueline, et nous avons flâné sur le campus. Je soupçonnais que quelque chose se passait entre Sue et Alex, mais nous n'avons rien demandé. Ils étaient discrets, et nous les avons laissés à leur intimité ». Après quelques jours d'insouciance, les femmes quittèrent l'Afrique à bord d'un pétrolier battant pavillon allemand et en route vers Bordeaux. À son insu, Susanne, portait en elle un fils.

PARIS

C'était excitant d'être jeune à Paris au début des années 1960 avec Edith Piaf à la radio, chantant « Non, je ne regrette rien », et admirant Audrey Hepburn dans «Charade ». Les tables de café débordaient sur les pavés, où l'on pouvait commander de la crème de menthe et lire Le Monde ou l'International Herald Tribune. Tout le monde appelait le téléphone « l'appareil « et s'appelait pour organiser des dîners à deux ou bien des sorties dans des galeries culturelles.

Entrant dans la deuxième année de sa « Fulbright », Susanne déménageât de Blois à Paris pour étudier la sculpture à la Sorbonne. Elle y trouva un logement dans une chambre de service au cinquième étage d'un immeuble appartenant à un couple, un médecin et une journaliste, qui avaient un bébé. En échange de ce logement et d'une pension, elle aida la mère de la petite fille, tout en prenant des cours.

C'est à ce moment-là qu'elle découvrit qu'elle était enceinte. Ce qu'elle ressentit à cet instant, elle ne le décrivit précisément à personne. La décennie des années soixante fut marquée par un paradoxe troublant, rarement discuté. Les jeunes hommes s'attendaient à ce que les femmes soient plus libres dans leur sexualité, mais un contrôle efficace des naissances était presque impossible à trouver. Alors que « l'amour libre » était répandu, l'avortement ainsi que la contraception étaient illégaux dans la plupart des pays d'Europe et aux États-Unis, prenant juste la forme de deux ailes avec une prière.

Entre 1945 et 1973, rien qu'aux Etats-Unis, 1,5 million de bébés ont été

and my lungs are all tight. I thought, 'I wonder why I can't open my mouth.' Then I realized, I'm supposed to be silent. I am not supposed to tell this story.'"

Lesley relayed the news to Jacqueline, who had moved to the town of Étampes. Nicole, then studying in Paris, often visited Susanne during her pregnancy. (Nicole kept the secret on behalf of her friend for more than five decades, even when Jennie came to stay with her during college.) But, surely, the most painful conversation took place when Susanne called her parents from Paris to give them the news. They quickly booked a trip to Paris over Christmas vacation, bringing along 13-year-old Jane.

"Susanne was about four months pregnant, but they thought I was too young to know. I just thought she'd put on a few pounds," says Jane. "Years later I learned that we went to Paris so our parents could make sure she was going to be adequately taken care of by this doctor and his family, with whom she was living. I don't remember if he delivered the baby or just arranged for it. But he was the one who set everything up. I remember my mother crying a lot when we left Paris, but I didn't think much of it – that's what mothers do when they leave their kids anywhere."

"My parents," says Jane, "were very open-minded, and that was so unusual for that time. I remember going out with someone of mixed race in high school, and Dad said, 'I just want you to know that you go out with anyone you want to, but understand that if you go out with a [Black man] in this country, your life will be much harder.' He knew how tough it could be, growing up the son of Irish immigrants who couldn't get work. They had both gone to college, but my grandmother ended up taking in laundry and my grandfather worked at an umbrella factory. Most of Dad's best friends in childhood were Irish or Jewish. He knew what prejudice was."

Would they have welcomed the baby into the family? "Totally," Jane says. "My parents were wonderful, loving, and understanding people,

abandonnés pour être adoptés. Environ le même nombre de femmes ont été entrainées dans des mariages hâtifs où leurs bébés furent qualifiés de « prématurés ». Une étude estime que, dans les années 1950, quarante pour cent des femmes de moins de 20 ans avaient eu des rapports sexuels. Pourtant, un contrôle efficace des naissances était illégal pour les adultes non mariés, à la fois dans le Massachusetts jusqu'en 1970 et en France jusqu'à l'instauration de la loi Neuwirth en 1967 puis de la loi Veil en 1976. « A chaque dernière année d'étude, une fille disparaissait », note la journaliste Ann Fessler. « Tout le monde savait où elle était allée et qu'on lui avait probablement dit: « si tu aimes ton enfant, tu dois l'abandonner, passer à autre chose et oublier ».

Des décennies plus tard, Susanne décrira le dilemme auquel elle fut confrontée. Son « étreinte du monde et de toutes ses merveilles » lui avait laissé peu d'options. Elle avait pu envisager d'élever un enfant métis en tant que mère célibataire aux États-Unis, où le mouvement des droits civiques n'en était encore qu'à ses débuts et où la ségrégation raciale sévissait dans le pays. Alex proposa à Susanne de ramener leur enfant au Sénégal pour qu'il soit élevé par sa famille; mais Susanne estima que le bébé aurait de meilleures opportunités dans une France plus progressiste qu'aux États-Unis ou au Sénégal.

« Je me rendis à Paris depuis Londres », se souvient Lesley cette année-là. « Elle m'a dit qu'elle allait passer par une fondation d'adoption à l'hôpital américain. Mais elle ne m'a rien dit sur le père de l'enfant. Je pensais que c'était le père qui gérait les choses, moi. A présent, je regarde en arrière et je me dis: mais pourquoi donc lui n'ai-je pas posé telle ou telle question? Nous étions jeunes ».

Elles étaient jeunes, et les femmes qui sont tombées enceintes hors mariage ont porté le poids de leur situation difficile autour d'un silence prudent et désespéré. La stigmatisation sociale de garder un enfant illégitime à cette époque, c'était être hors des clous, en particulier pour les familles de la classe moyenne pour qui la maternité était synonyme de mariage. La nécessité de garder le secret était si puissante culturellement que de

and hands-on parents. And given my dad's role in the community and the schools, we had kids from all backgrounds in and out of our house all the time. That said, even if the baby had become part of the family, they might not have come right out and said, 'Yes, that's Susanne's baby she had out of wedlock.' They might have made up a more 'socially acceptable' story to explain who he was. But I really think they would have welcomed and loved him."

When Susanne told Jane about Jean-Marie years later, Jane recalls going to see her parents. "I went home and said, 'So, I've finally heard the big secret.' And my mother immediately burst into tears. We had a great, long talk about it, and she said, 'It was not our story to tell.' She said how much she wished this little boy could have been part of our family. But she agreed with Susanne that it would have been much harder for him in the United States."

THE BIRTH

The baby, later named Jean-Marie by his adoptive parents, was born on May 15, 1963 at the American Hospital in Paris. As was the custom in France with adoptions, Susanne was required to hand-deliver him on foot to the nuns at the orphanage, carrying him along through the streets. "It was brutal," says Jane. "She was a very gentle soul with a very, very strong backbone. I remember this very vividly: when she got home from France, she said, 'I want to go to confession.' She drove the car to our church in Framingham, and she was in the confessional for at least a half an hour. And I thought, 'What in God's name did she do?' When she came out, her cheeks and her eyes were a mess, and she said, 'I'm going to be here for a while.' I think she said at least one whole rosary."

Jane knew that Susanne was very upset about something. "But I never asked her what had happened," she says. "I was just that much too young; it frankly didn't occur to me. I would not have put it together.

nombreuses jeunes mères l'ont intériorisée pendant des décennies. Comme l'une d'entre elles l'ayant dit à Fessler pour son livre, The Girls Who Went Away, « dès que le moment fut venu de faire cet entretien, de nombreuses choses physiques ont commencé à se produire. Ma mâchoire ne voulait pas s'ouvrir et mes poumons restaient serrés. Je me suis dit: « Je me demande pourquoi je ne peux pas ouvrir la bouche. Puis j'ai réalisé que je suis censée me taire. Je ne suis pas censée raconter cette histoire ».

Lesley transmit la nouvelle à Jacqueline, qui avait déménagé dans la ville d'Étampes. Nicole, qui étudiait alors à Paris, rendait souvent visite à Susanne. Nicole garda le secret au nom de son amie pendant plus de cinq décennies, même lorsque Jennie était venue rester avec elle pendant ses études. Cependant, la conversation sûrement la plus douloureuse, eu lieu lorsque Susanne appela ses parents de Paris pour leur annoncer la nouvelle. Ils ont rapidement réservé un voyage à Paris pendant les vacances de Noël, emmenant aussi Jane, 13 ans.

« Susanne était enceinte d'environ quatre mois, mais ils pensaient que j'étais trop jeune pour le savoir. Je pensais juste qu'elle avait pris quelques kilos », dit Jane. « Des années plus tard, j'ai appris que nous étions allés à Paris pour que nos parents puissent s'assurer qu'elle allait être correctement prise en charge par ce médecin et sa famille, avec qui elle vivait. Je ne me souviens pas s'il a accouché le bébé mais c'est lui qui a tout organisé. Je me souviens que ma mère pleurait beaucoup quand nous avons quitté Paris, mais je n'y pensais pas beaucoup – c'est ce que font les mères quand elles laissent leurs enfants loin d'elles ».

« Mes parents, dit Jane, étaient très ouverts d'esprit, et c'était tellement inhabituel pour l'époque. Je me souviens être sorti avec quelqu'un de métis au lycée, et papa m'a dit: « Je veux juste que tu saches que tu sors avec qui tu veux, mais comprends que si tu sors avec un homme noir dans ce pays, ta vie sera beaucoup plus difficile ». Lui-même ayant grandi en tant que fils d'immigrants irlandais qui ne pouvaient obtenir de travail, savait à quel point la vie pouvait être difficile. Ils étaient tous les deux allés à l'université, mais ma mère a fini par s'occuper de la lessive et mon père travaillait dans

Later, Susanne told me, 'We all thought you were just too young to know. What would you do with this information, how would you internalize it? Would it ruin your relationship with me?' Because I was the rebel, and she was not. Sue was the good girl who did everything right. Perfect A student. Top of her class in high school, top of her class in college. She was a Merit Scholar, a Fulbright Scholar, and very popular. She was right out of 'Leave it to Beaver.' We were Cavanaghs. Our father was a high school principal, he was a war hero. Our ship didn't sink. You know, you do the right thing if you're a Cavanagh. And, though our parents would never have told her she couldn't bring the baby home, she felt like she was doing right by them and by her baby. But it wasn't easy for her, that's for sure."

BACK IN THE U.S.

A month or two after delivering her baby to the orphanage, Susanne packed up her attic apartment in Paris and moved to New York City. After several months of corresponding with the orphanage, she was comforted to learn that her son had been adopted by a French family. That's all she was told.

Sharing an apartment with a college friend, she took a job as a director's assistant for Time Life Film Strips, which produced educational films based on articles that had appeared in the popular magazine. (During this time, she was thrilled to correspond in French with Pablo Picasso on a documentary about him.) Moving among New York bohemians and literati, it wasn't long before she met journalist Wade Greene, who was working at *Newsweek*. The pair shared a love of adventure. At a time when most couples tucked themselves away in American suburbs, Susanne and Wade rode a motorcycle across Turkey, hiked in Nepal, and traveled to Latin America. They got married in Guatemala City in 1966. By then, Susanne had confided in Wade about her Paris-born son.

une usine de parapluies. La plupart des meilleurs amis de papa dans l'enfance étaient soit irlandais ou soit juifs. Il connaissait les conséquences du mot "préjugé" ».

Auraient-ils accueilli le bébé dans la famille? « Certainement », dit Jane. « mes parents étaient des gens merveilleux, aimants et compréhensifs. Étant donné le rôle que jouait mon père à l'école et dans la communauté, nous avions des gosses de tous milieux à la maison tout le temps. Cela étant, même si ce bébé aurait pu faire partie de la famille, ils auraient eu du mal à dire alentours « hey voici l'enfant que Susanne a eu hors mariage! ». Ils auraient peut-être eu besoin de trouver une façon plus acceptable socialement pour expliquer l'histoire. Mais je suis absolument certaine qu'ils l'auraient accueilli et aimé.

Quand Susanne lui a parlé de l'adoption des années plus tard, Jane se souvient être allé voir ses parents. « Je suis allé à la maison et j'ai dit : alors, je suis enfin au courant du grand secret »! Et ma mère a immédiatement fondu en larmes. Nous eûmes une intense et longue discussion à ce sujet, et elle nous dit: « Ce n'était pas à nous de raconter cette histoire ». Elle déclara aussi à quel point elle aurait aimé que ce petit garçon puisse faire partie de notre famille. Mais elle était d'accord avec Susanne pour dire que cela aurait été beaucoup plus difficile pour lui aux États-Unis ».

LA NAISSANCE

Le bébé, plus tard prénommé Jean-Marie par ses parents adoptifs, est né le 15 mai 1963 à l'hôpital américain, un garçon en bonne santé. Comme c'était la coutume en France avec les adoptions, Susanne dût le remettre en main propre aux religieuses de l'orphelinat, le transportant dans les rues. « C'était brutal », dit Jane. « C'était une âme très douce avec une colonne vertébrale très, très forte. Je m'en souviens très bien: quand elle est rentrée de France, elle m'a dit: « Je veux aller me confesser ». Elle conduisit la voiture jusqu'à notre église à Framingham, et elle est restée dans le confessionnal pendant

SUSANNE AND WADE

SUSANNE AND WADE IN TURKEY

SUSANNE AND WADE WITH DOROTHY AND FRANCIS CAVANAGH IN NANTUCKET

SUSANNE AND WADE

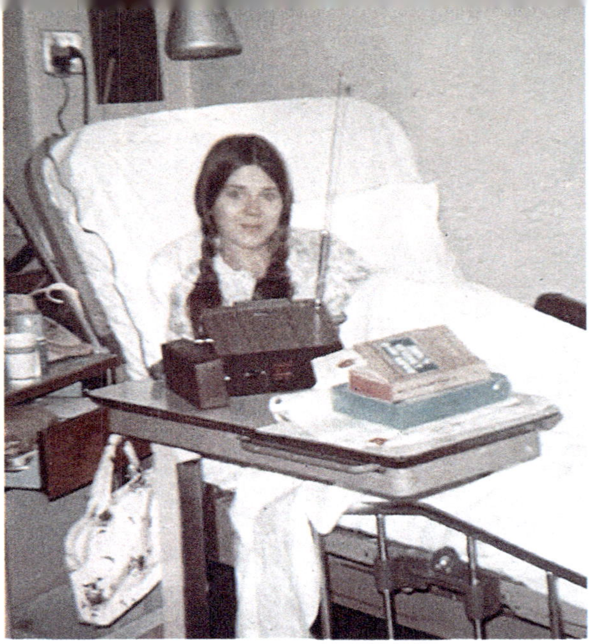

SUSANNE IN THE HOSPITAL AFTER NATHANAEL'S BIRTH
SUSANNE À L'HÔPITAL APRES LA NAISSANCE DE NATHANAEL

SUSANNE, WADE, AND JENNIE

SUSANNE AND WADE WITH NATHANAEL AND JENNIE

The Greenes and the Cavanaghs merged a bit awkwardly. The small-town, middle-class Catholic Cavanaghs visited the more affluent, urban Greenes' sprawling compound on Nantucket, which they had owned since 1929. The ambiance was "very WASPy, with tennis, croquet, and endless cocktail parties," says Jennie. "My paternal grandmother smoked, drank, and played a lot of cards. So, they were from very different worlds. Apparently, my maternal grandmother, Dolly, got drunk during this first visit (on one strong cocktail), which was very unlike her." The Wade Cottages would become a beloved family base for the Greenes in the ensuing years, with Nathanael coming along in 1969, and sister Jennie three years later.

Around that time, Wade was lured to San Francisco to be an editor at the brief-lived *Saturday Review*, a magazine that was "the talk of the town" with all its New York talent. The couple packed up their young family (Nathanael was three and Jennie a newborn) and moved across the country. One aspiring journalist Wade interviewed for a job was a woman named Christine Doudna, who ultimately went to *Rolling Stone*. But the introduction to Wade led Christine to Susanne. Christine recalls, "I got to know her really fast and intimately. We had an immediate rapport. Susanne was just gorgeous. John Harding used to photograph her."

SUSANNE AND WADE WITH CHRISTINE DOUDNA

au moins une demi-heure. Et j'ai pensé: « Qu'est-ce qu'elle a bien pu faire au Bon Dieu »?

Quand elle est sortie, ses joues et ses yeux étaient rougis, et elle dit: « Je vais rester ici pendant un moment ». Je pense qu'elle a au moins récité un chapelet entier. Jane compris que Susanne était bouleversée. « Mais je ne lui ai jamais demandé ce qui s'était passé. J'étais tellement jeune ; franchement, ça ne m'est pas venu à l'esprit. Je n'y comprenais pas grand-chose ». Plus tard, elle m'a dit: « nous pensions tous que tu étais trop jeune pour le savoir. Qu'aurais-tu fait de cette information, comment aurais-tu pu l'assimiler? Est-ce que cela aurait dégradé ta relation avec moi »? Parce que j'étais la rebelle, et qu'elle ne l'était pas. C'était la gentille fille qui faisait tout bien. Une parfaite étudiante. Première de sa classe au lycée, première de sa classe à l'université. Elle était une boursière au mérite, boursière « Fulbright », et très populaire. On l'aurait crue sortie tout droit de la série TV américaine « Leave it to Beaver ». Nous étions des Cavanagh. Notre père était directeur d'école secondaire, c'était un héros de guerre. Notre navire n'a pas coulé. Vous savez, vous faites ce qu'il faut si vous êtes un Cavanagh. Quand bien même nos parents ne se seraient jamais permis de lui dire qu'elle ne pouvait pas ramener le bébé à la maison, Susanne sentait qu'elle faisait au mieux pour la famille comme pour l'enfant. Mais ce ne fut évidemment pas facile pour elle».

RETOUR AUX U.S.

Un mois ou deux après avoir accouché de son bébé à l'orphelinat, Susanne a emballé le contenu de sa chambre mansardée de Paris et déménagé à New York. Après plusieurs mois de correspondance avec l'orphelinat, elle fut réconfortée d'apprendre que son fils avait été adopté par une famille de Français. C'est tout ce qu'on lui dit.

Partageant un appartement avec une amie d'université, elle accepta un emploi d'assistant réalisateur pour « Time Life Film Strips », qui produisait des films éducatifs basés sur des articles parus dans ce magazine très

(Harding, an acclaimed photographer whose work is owned by both MoMA and the Met, is known most recently for his 2016 book, *Siblings*.)

The friends would play beach volleyball, go hiking in Big Sur, and have a wine date every Friday in North Beach at the legendary jazz club Enrico's. When *Saturday Review* went bankrupt in the spring of 1973, the Greenes relocated to New York, as did Christine, and the friendship continued.

"Susanne was a free spirit. I always associate music with her. We would sing in the car, harmonizing to the Everly Brothers," Christine remembers. "She played the flute at my wedding. We formed a chamber music group. We'd go to the Ear Inn in SoHo on Saturday nights and dance. And we'd have so much fun at the Greenwich Village Halloween Parade with these wonderful puppets she'd make. She also made bookshelves for my apartment. She was an artist to the core of her being."

While her first-born son grew up with a carpenter-father, the son who thought he was first-born was being raised by their carpenter-mother. "She built furniture, beds, wardrobes, even a whole house in Nantucket with my father," says Nathanael. "At some point, she shifted to building doll houses for a while. I think that was the step from carpentry into sculpture for her. She started making found object collage boxes, where she'd paint a box and put objects in it. That grew into other sculptures. I remember she found a dressmaker's stand, and she carved it, so there was a place for the heart and a place where the womb was – she was very interested in the female form, and melding that form with representations of emotions and struggles and challenges. She had a great deal of empathy. She would read an article or see a picture and it would become part of her art."

The children attended a public elementary school in Greenwich Village, where Susanne taught art for many years. For her students, she would make little clay whistles. During a hiking trip in the Himalayas with Wade, she hand-carved recorders out of bamboo for all of the sherpas. She loved to encourage music, later making clay flutes and

populaire de l'époque. Pendant ce temps, elle était ravie de correspondre aussi en Français avec Pablo Picasso pour un documentaire sur sa vie. Se mouvant délicatement parmi les bohèmes et les lettrés de New York, elle ne tarda pas à rencontrer le journaliste Wade Greene, qui travaillait à Newsweek. Le couple partageait l'amour de l'aventure. À une époque où la plupart des couples se repliaient dans les banlieues américaines, Susanne et Wade eux traversèrent la Turquie à moto, firent de la randonnée au Népal et voyagèrent en Amérique latine. Ils se marièrent à Guatemala City en 1966. À ce moment-là, Susanne s'était confiée à Wade au sujet de son fils né à Paris trois années auparavant.

Les Greene et les Cavanagh ont fusionné un peu maladroitement. Les Cavanagh, catholiques pratiquants de la classe moyenne d'une petite ville du Massachussetts visitèrent la résidence de villégiature que les Greene de New-York possédaient dans leur famille depuis 1929 sur l'île de Nantucket. L'ambiance était très « WASP », avec du tennis, du croquet et des cocktails sans fin, explique Jennie. « Ma grand-mère paternelle fumait, buvait énormément et jouait beaucoup aux cartes. Ainsi, ils venaient de mondes très différents. Apparemment, ma grand-mère, Dolly, s'est saoulée après avoir dégusté un cocktail fort lors de cette première visite, ce qui n'était pas du tout quelque chose d'habituel. Les « Wade Cottages » deviendront une base familiale bien-aimée pour les Greene dans les années qui suivirent, avec l'arrivée de Nathanaël en 1969 et de sa sœur Jennie trois ans plus tard.

À cette époque, Wade fut embauché à San Francisco pour être rédacteur en chef de la brève Saturday Review, un magazine qui était « celui dont toute la ville parle », avec tous ses talents new-yorkais. Le couple a déménagé sa jeune famille (Nathanael avait trois ans et Jennie était nouveau-né) à travers le pays. Une journaliste en herbe, que Wade reçu en entretien d'embauche, mais qui finalement décida d'aller travailler pour le magazine Rolling Stones, se prénommait Christine Doudna. Elle fut présentée à Susanne par Wade. « J'ai appris à la connaître très rapidement et intimement. Nous avons eu une complicité immédiate. Susanne était tout simplement magnifique. John Harding avait l'habitude de la photographier. (Harding, un photographe

SUSANNE WITH HER CERAMIC SCULPTURE
SUSANNE AVEC SON OEUVRE CÉRAMIQUE

renommé dont le travail est détenu à la fois par le MoMA et le Met, et connu de façon plus récente pour son livre de 2016, Siblings.)

Les amis jouaient au beach-volley, faisaient de la randonnée à Big Sur et se donnaient rendez-vous pour un verre de vin tous les vendredis à North Beach au légendaire club de jazz Enrico's. Lorsque le « Saturday Review « fit faillite au printemps 1973, les Greene retournèrent à New York, tout comme Christine, et leur amitié continua.

« Susanne était un esprit libre. Je l'associe toujours à la musique. Nous chantions dans la voiture en chœur sur la chanson « Bye, Bye Love » des Everly Brothers. Elle joua de la flûte traversière à mon mariage. Nous avions formé un groupe de musique de chambre. Nous allions à l'Ear Inn à SoHo le samedi soir et dansions. Et nous nous amusions tant au défilé d'Halloween de Greenwich Village avec les merveilleuses marionnettes qu'elle fabriquait. Elle a aussi fait des étagères pour mon appartement! Elle était artiste au plus profond de son être! »

Alors que son fils aîné Jean-Marie grandit avec un père menuisier, le fils qui supposait être le premier-né était élevé par leur mère artiste et menuisier! « Elle a construit des meubles, des lits, des armoires, même une maison entière à Nantucket avec mon père », explique Nathanaël. « À un moment donné, elle s'est tournée vers la construction de maisons de poupées ce qui dura un certain temps. Je pense que c'était le passage de la menuiserie à la sculpture pour elle. Elle a commencé à fabriquer des boîtes de collage d'objets trouvés, où elle peignait une boîte et y mettait des objets. Cela s'est transformé en d'autres sculptures. Je me souviens qu'elle a trouvé mannequin de bois, et elle l'a sculpté de manière à ce qu'il y ait une place pour le cœur et une place pour l'utérus – elle était très intéressée par la forme féminine, qu'elle interprétait sous forme d'émotions, de luttes et de défis. Elle avait beaucoup d'empathie. Elle lisait un article ou voyait une photo et cela tout à coup faisait partie de son art ».

Les enfants ont fréquenté une école primaire publique de Greenwich Village, où Susanne y enseigna les arts plastiques durant de nombreuses

INSTRUMENTS MADE BY SUSANNE
LES INSTRUMENTS PAR SUSANNE

SUSANNE PLAYING MUSIC WITH A FRIEND
SUSANNE JOUE DE LA MUSIQUE AVEC UN AMI

SUSANNE WITH MOLLY, ONE OF HER GRANDDAUGHTERS
SUSANNE AVEC MOLLY, UNE DE SES PETITE FILLES

EXAMPLES OF SUSANNE'S STITCHED ART
OEUVRES EN POINT DE CROIX DE SUSANNE

OH GIVE ME LAND, LOTS OF LAND
AND THE STARRY SKIES ABOVE
DON'T FENCE ME IN
LET ME BE BY MYSELF IN THE EVENING BREEZE
LISTEN TO THE MURMUR OF THE
COTTONWOOD TREES
I WANT TO RIDE TO THE RIDGE WHERE THE WEST COMMENCES
GAZE AT THE MOON TILL I LOSE MY SENSES
I CANT LOOK AT HOBBLES + I CANT STAND FENCES
DON'T FENCE ME IN
Cole Porter

MY LIFE HAS BEEN A TAPESTRY
OF RICH AND ROYAL HUE
Carole King

Newsweek
ROSIE
POLICE
Me and Julio Down by the Schoolyard
PAUL SIMON

Aretha Franklin

BARBARA
JACQUES PRÉVERT
RAPPELLE-TOI BARBARA
IL PLEUVAIT SANS CESSE
SUR BREST CE JOUR-LÀ
Et tu marchais souriante
Épanouie ravie ruisselante
Sous la pluie
Rappelle-toi Barbara
Il pleuvait sans cesse sur Brest
Et je t'ai croisée rue de Siam
Tu souriais
Et moi je souriais de même
Rappelle-toi Barbara
Toi que je ne connaissais pas
Toi qui ne me connaissais pas
CAFÉ
RAPPELLE-TOI
RAPPELLE-TOI QUAND
CE JOUR-LA N'OUBLI
Un homme sous un porche s'a
Et il a crié ton nom
Barbara
Et tu as couru vers lui sous la
Ruisselante ravie épanouie
Et tu t'es jetée dans ses bras
Rappelle-toi cela Barbara
Et ne m'en veux pas si je te tu
Je dis tu à tous ceux que j'aim
Même si je ne les ai vus qu'un
Je dis tu à tous ceux qui s'aim
Même si je ne les connais pas

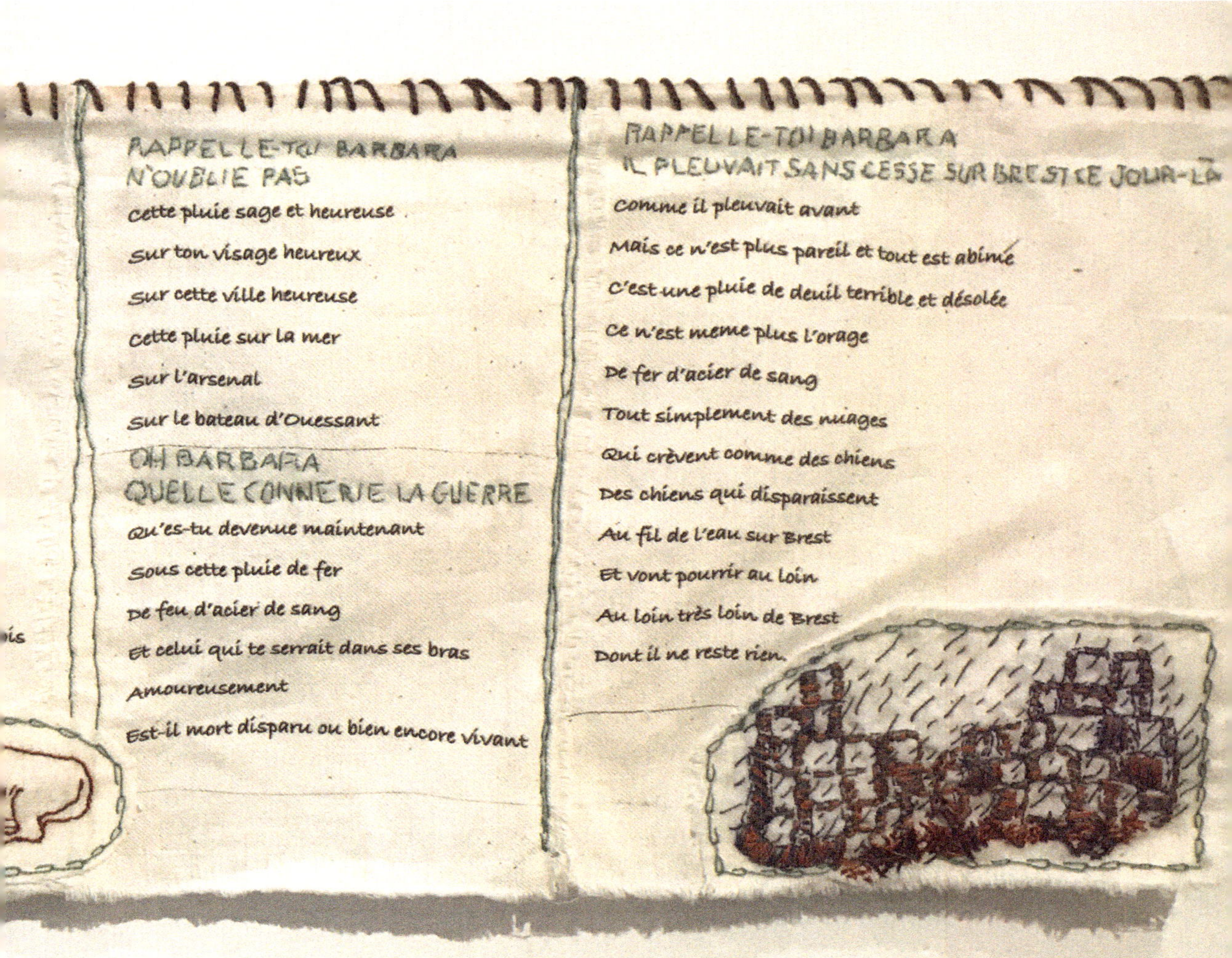
RAPPELLE-TOI BARBARA
N'OUBLIE PAS
cette pluie sage et heureuse
Sur ton visage heureux
Sur cette ville heureuse
cette pluie sur la mer
Sur l'arsenal
Sur le bateau d'Ouessant
OH BARBARA
QUELLE CONNERIE LA GUERRE
Qu'es-tu devenue maintenant
Sous cette pluie de fer
De feu d'acier de sang
Et celui qui te serrait dans ses bras
Amoureusement
Est-il mort disparu ou bien encore vivant
RAPPELLE-TOI BARBARA
IL PLEUVAIT SANS CESSE SUR BREST CE JOUR-LÀ
Comme il pleuvait avant
Mais ce n'est plus pareil et tout est abimé
C'est une pluie de deuil terrible et désolée
Ce n'est meme plus l'orage
De fer d'acier de sang
Tout simplement des nuages
Qui crèvent comme des chiens
Des chiens qui disparaissent
Au fil de l'eau sur Brest
Et vont pourrir au loin
Au loin très loin de Brest
Dont il ne reste rien.

drums for family and friends and often integrating music into her art work, especially her stitch work.

"My mom had a wonderful, instinctive ear," Nathanael says. "She could pick up any instrument and be plucking out tunes in a moment. I remember as a kid being both awed and deeply frustrated, because I don't have that ear. So, I think with both art and music, there was a little bit of that sense of 'oh, why bother, I'll never be as good as my mom is fifteen minutes after she starts,' but later in my life I've taken on artistic projects. I began playing guitar when my girls were just toddlers, and I'm not very good at it, but her freedom in trying – that part blossomed in me as an inspiration. You can do these things, and you don't have to be perfect."

Susanne also had an extraordinary ear when it came to languages. When Wade had a fellowship at Stanford University, she taught French there. "Apparently her French was so good that the administrators just assumed she was French, and my parents let them believe that," Jennie laughs. "My mom would pick up accents and intonation immediately. I always knew who she was on the phone with because she'd start to sound like them."

The Greenes continued to travel for work and for pleasure. In the last decade of the Cold War, Wade began working as an advisor and ambassador of sorts for reclusive members of the Rockefeller family, who were interested in U.S.-Soviet relations and disarmament, as well as environmentalism and freedom of the press, especially in Eastern Europe.

Each summer, the Greene family returned to Nantucket to run the Wade Cottages as a bed and breakfast. "My Dad would find students from all over the world," Jennie says, "and they would come and work on J-1 visas at the cottages. They very much became part of the family for the summer. As I got older, I was often away from Nantucket doing my own thing, and I would come back and there'd be these young people my mom had become really close with. She always stepped in as

TOP/EN HAUT: SARA, NATHANAEL, JENNIE, SHAY, SUSANNE, AND WADE
BOTTOM/EN BAS: JUNE, ELLA, EAMON, AND MOLLY

années. Pour ses élèves, elle faisait de petits sifflets en argile. Lors d'une randonnée dans l'Himalaya avec Wade, elle sculpta à la main des instruments en bambou pour tous les sherpas. Elle aimait encourager la pratique musicale, fabriquant plus tard des flûtes et des tambours en argile pour sa famille et ses amis, et intégrant souvent la musique dans son travail artistique, en particulier dans son travail de broderie.

« Ma maman avait une merveilleuse oreille », dit Nathanaël. « Elle pouvait se saisir de n'importe quel instrument et improviser des airs en un instant. Je me souviens enfant avoir été à la fois impressionné et profondément frustré,

a surrogate mother while they were far from home." Treasuring their relationships with her, many of these young people kept in touch for years. "They'd send news of their weddings, photos of their newborns, and even sometimes visit my parents in New York," Jennie recalls.

One such young person was Sophie Watkins, the daughter of a close friend of Wade's from college, who summered in Nantucket for several years, doing odd jobs. "Susanne and Wade always kept me under their care," she recalls. "They always came to pick me up at the ferry when I arrived from France and made me feel as if I was part of the family. I was invited for meals with their friends. They were extremely welcoming and gentle with me." As Karma would have it, Sophie would, years later, become friends with Jean-Marie and Laurène in Paris.

TIES TO FRANCE

For Susanne there was always a lure back to France. She returned many times over the decades. She would reconnect with her old friends Nicole and Jacqueline, and visit Sophie's dad and step-mother with Wade. Once, they stayed at a goat farm in the countryside. On another occasion, they took Nathanael and Jennie across Europe on the Orient Express, departing from Gare de l'Est.

"The last time we went with them to Paris was in the winter of 2000," Nathanael remembers. "My sister came, and my wife Sara, and it was wonderful. We walked all around, we saw the Picasso Museum, we were staying at the house of some friends right in the heart of Paris within walking distance of the Louvre. She could have been thinking about him, and reacting in certain ways that I just never would have pieced together in the moment. But she had gone to Paris at that point maybe 20 times. So, I don't know. I can't imagine that each trip was fraught for her, but she must have thought about it. She must have walked down the street and wondered, 'Am I passing him? Is he right here?' Who knows? France was part of what was important to her. Which makes

parce que je n'ai pas cette oreille. Aussi, je pense que concernant l'art et la musique, il y avait un peu ce sentiment de « oh, pourquoi s'embêter, je n'arriverai jamais à atteindre le niveau que Maman atteint en quinze minutes». Toutefois, j'entrepris plus tard dans ma vie des projets artistiques. J'ai commencé par jouer de la guitare quand mes filles étaient bébés, et même si je ne suis pas très doué, sa façon à elle d'essayer quoi qu'il arrive – cette aspect d'elle m'a inspiré. Vous pouvez y arriver et vous n'avez pas à être parfaits ».

Ma maman avait aussi une oreille extraordinaire quand il s'agissait des langues. Lorsque Wade obtint une bourse à l'Université de Stanford, elle y enseigna le français. « Il paraît que son français était si bon que les administrateurs de Stanford ont supposé qu'elle était française, et mes parents les ont laissés le croire! », dit Jennie en riant. « Ma mère captait immédiatement les accents et les intonations. J'ai toujours su avec qui elle était au téléphone parce qu'elle finissait toujours par parler comme eux »!

Les Greene ont continué à voyager pour le travail et pour le plaisir. Au cours de la dernière décennie de la guerre froide, Wade commença une nouvelle mission en tant que conseiller et ambassadeur des membres reclus de la famille Rockefeller. Ils s'intéressaient aux relations américano-soviétiques et au désarmement, ainsi qu'à l'environnement et à la liberté de la presse, en particulier en Europe de l'Est.

Chaque été, la famille Greene retournait à Nantucket pour gérer les Wade Cottages comme maisons d'hôtes. « Mon père réunissait des étudiants du monde entier », dit Jennie, « et ils venaient travailler avec des visas étudiants dans les cottages ».

Ils intégraient la famille pour l'été. En vieillissant, j'étais souvent loin de Nantucket pour vivre ma vie, et quand je revenais il y avait ces jeunes dont ma mère était devenue très proche. Elle était toujours comme une mère de substitution pendant qu'ils étaient loin de chez eux ». Chérissant leurs relations avec elle, beaucoup de ces jeunes sont restés en contact pendant des années. « Ils envoyaient des nouvelles de leurs mariages, des photos de leurs nouveau-nés et rendaient même parfois visite à mes parents à New York », se souvient Jennie.

me think that it was a good association that she had; she wasn't afraid of seeing him. Maybe on some level she wanted to. Or maybe knowing that it was a country that she loved made her feel more comfortable knowing that he was there."

Back in the States, Susanne would read French novels, listen to French radio, watch French movies, and take advanced language classes with close friends. Jennie recalls, "There was so much French influence in our family. We ate 'pain au chocolat' every Sunday growing up, we were encouraged to learn French in school, and my dad collected Citroën cars. One summer in Nantucket, we had a week when all the college kids living with us made dishes from their own countries. My mom made Coq au Vin! I think in some ways – when I learned about Jean-Marie – it seemed fitting that she should have a French son. I immediately thought, 'Okay, that makes sense,'" she laughs.

Jennie, like Nathanael, has been reflecting on her youth since Jean-Marie entered their lives. "There was a summer in college when I went to France and was staying with my mom's French friend Nicole. For a week or so, I went on vacation with her family. Nicole knew at the time that I had a brother in France, but she was sworn to secrecy. In retrospect, my mom must have been so nervous that her secret was going to slip out. I'm sure that, for her, my going over there (at about the same age she was when she had Jean-Marie) was loaded and nerve-racking in a way that I can't even imagine. I don't see how she couldn't have been thinking about him."

In fact, she *was* thinking about him. According to Jane, every year around his birthday, Susanne said, "I think about how old he is now, I wonder what he's doing, and I hope he's alright." And to Jean-Marie, Susanne wrote, "There have been few May 15s that have passed without me thinking of what that date meant." She also told him that she had looked up the orphanage in the Paris phone book not long before he found her, but it had closed.

L'une de ces jeunes était Sophie Watkins, la fille d'un ami d'université proche de Wade, qui passa plusieurs saisons à Nantucket, travaillant à des jobs ici et là. « Susanne et Wade m'ont toujours gardée sous leur aile », se souvient-elle. « Ils venaient toujours me chercher au bateau quand j'arrivais de France et faisaient toujours en sorte de me donner l'impression de faire partie de leur famille. J'étais très souvent invitée à prendre mes repas chez eux avec leurs amis. Ils étaient extrêmement accueillants et doux avec moi». Comme un Karma, Sophie deviendra, des années plus tard, amie avec Jean-Marie et Laurène à Paris.

LES LIENS AVEC LA FRANCE

Pour Susanne, il y avait toujours l'attrait de pouvoir un jour revenir en France. Elle est revenue plusieurs fois au fil des décennies, en renouant avec ses vieilles amies Nicole et Jacqueline, et rendait visite au père de Sophie avec Wade. Une fois, ils séjournèrent dans une ferme élevant des chèvres à la campagne. Une autre fois, au départ de la Gare de l'Est, ils emmenèrent Nathanaël et Jennie à travers l'Europe sur l'Orient Express.

« La dernière fois que nous sommes allés avec eux à Paris, c'était à l'hiver 2000 », se souvient Nathanaël. « Ma sœur est venue, ainsi que ma femme Sara, c'était merveilleux. Nous nous sommes promenés partout, avons visité le musée Picasso. Nous séjournions chez des amis en plein cœur de Paris à deux pas du Louvre. Peut-être a-t-elle pensé à lui ou réagit d'une certaine manière dont je n'aurais pu identifier la cause. Mais elle était allée à Paris peut-être 20 fois à cette époque. Donc, je ne sais pas. Je ne peux pas imaginer que chaque voyage ait été difficile pour elle, mais elle a dû y penser. Elle a dû marcher dans la rue en se demandant: « Vais-je le croiser? Est-il ici? » Qui sait? La France faisait partie de ce qui était important pour elle. Ce qui me fait penser qu'elle avait un bon feeling; elle n'avait pas peur de le voir. Peut-être qu'à un certain moment, elle le souhaitait même ardemment. Ou peut-être que le fait de savoir qu'il était dans un pays qu'elle affectionnait particulièrement la mettait plus à l'aise ».

JEAN-MARIE'S YOUTH

If Susanne could have cast her gaze across the rooftops of Paris as Jean-Marie was growing up, she would have caught enchanting glimpses of him. In 1967, she would have spied him in the company of kind, young Mademoiselle Montrieux, the assistant at his kindergarten who fostered his love "for reading and for words." In 1975, it would have been a scene of bright-eyed, excited engagement with Monsieur Pacha and Monsieur Roussel, teachers of guitar and music theory at his school, "who changed the course of my youth," Jean-Marie says. Or, in 1976, she would have seen adolescent Jean-Marie, full of ardour, certain now that music was all that mattered, that it would help him to "conquer my shyness and progress in the world," begging his parents all summer to enroll him in the local conservatory. She would have heard his mother pleading his case to his father, who relented on the last day of regis-

JEAN-MARIE IN SCHOOL CHOIR /JEAN-MARIE DANS LA CHORALE DE L'ÉCOLE

De retour aux États-Unis, Susanne lisait des romans français, écoutait la radio en français, regardait des films français et suivait des cours de langue avancés avec des amis proches. Jennie se souvient: « Il y avait tellement d'influence française dans notre famille. Nous grandissions en mangeant des pains au chocolat tous les dimanches, nous étions encouragés à apprendre le français à l'école et mon père collectionnait les « Citroën ».

« Un été à Nantucket, nous avons passé une semaine où tous les étudiants vivant avec nous préparèrent des plats de leur propre pays. Ma maman fit un « Coq au Vin »! À certains égards – quand j'ai entendu parler de Jean-Marie – il semblait normal qu'elle ait un fils français. J'ai tout de suite pensé, « oui d'accord, c'est logique », dit-elle en riant.

JEAN-MARIE WITH JEAN-FRANÇOIS

Jennie, comme Nathanaël, repensent à leur jeunesse depuis que Jean-Marie est entré dans leur vie. « Pendant l'université Il y eut un été où je logeais en France chez Nicole, l'amie française de ma mère. Pendant une semaine environ, je suis partie avec sa famille en Bretagne. Nicole savait à l'époque que j'avais un frère en France, mais elle avait juré de garder le secret de son amie et ne m'a rien dit. Rétrospectivement, ma maman devait être si anxieuse d'imaginer que ce secret lui échapperait peut-être. Je suis sûre que, pour elle, mon voyage là-bas (à peu près au même âge qu'elle avait quand elle a eu Jean-Marie) était chargé d'émotions

tration: "Go ahead and register him so he will finally leave us alone!'" These were all the people caring for the boy, each in their own fashion, and helping him find his way, while Susanne continued to hold the city of his birth in her heart.

THE SECRET SHARED

Years passed and Susanne, now in her seventies, developed what she called "a nasty lung disease," a condition that was rapidly progressing. Her illness prompted Jane to broach the subject of what new DNA tests might eventually reveal. "I remember saying to her at one point, 'Listen, there's an awful lot of DNA stuff going on out there. There are several shows on television where people discover wonderful things about their families. If your first-born decides that he wants to find you, any number of people in our family have done those tests. It wouldn't be difficult for him to find you.'"

What, Jane asked, did Susanne want her to tell the family if something happened after her death? "She said, 'Well, tell the story straight.' Then I said, 'If he never shows up, do you ever want anybody to know?' And she said, 'Yes, if somebody needs it. If one of the grandchildren gets into trouble, then absolutely you can tell them that this happened to their grandmother.' But she never really expected it to happen."

In January of 2019, "I got a text from her that said 'Guess what just happened.' And I knew. I just knew."

After receiving Jean-Marie's letter, Susanne replied by email and then braced herself to break the news to Nathanael and Jennie. "It was a few weeks before her birthday," Nathanael – who lives in Brooklyn – recalls. "Jennie was in town, and we were both over at their apartment. Mom said, 'I want you both to come into my bedroom, I have something I want to tell you.' My heart sank. I thought, 'this is something about her health,' which was definitely failing at that point. She was nervous – that came through – but not fearful. I think she was excited. She started telling us a story about getting a letter. I remember look-

et éprouvant à un point que je ne peux même pas imaginer. Je ne vois pas comment elle n'aurait pas pensé à lu ».

En fait, elle pensait à lui. Selon Jane, chaque année autour de son anniversaire, Susanne disait: « Je pense à l'âge qu'il a maintenant, je me demande ce qu'il fait, et j'espère qu'il va bien ». Et à Jean-Marie, Susanne a écrit: « Il y a eu peu de 15 mai qui se sont écoulés sans que je pense à ce que cette date signifiait ». Elle lui a également dit qu'elle avait cherché l'orphelinat dans l'annuaire téléphonique de Paris peu de temps avant qu'il ne la retrouve, mais qu'il avait fermé.

LA JEUNESSE DE JEAN-MARIE

Si Susanne avait pu jeter son regard sur les toits de Paris alors que Jean-Marie grandissait, elle aurait saisi des bribes de sa vie comme par enchantement. En 1967, elle l'aurait observé en compagnie de la gentille jeune Mademoiselle Montrieux, l'assistante de son jardin d'enfants qui nourrît son amour « pour la lecture et les mots ». En 1975, ça aurait été une scène enthousiaste et pétillante avec Monsieur Pacha et Monsieur Roussel, professeurs de guitare et de solfège à son école, « qui ont changé le cours de ma jeunesse », dit Jean-Marie. Ou, en 1976, elle aurait vu l'adolescent Jean-Marie, plein d'ardeur, désormais certain que la musique était tout ce qui comptait, que celle-ci l'aiderait à « vaincre ma timidité et me faire progresser dans le monde ». Il supplia ses parents tout l'été de l'inscrire au conservatoire local. Elle aurait entendu sa mère plaider sa cause auprès de son père, qui céda le dernier jour d'inscription: « Vas-y et inscrit-le pour qu'il nous laisse enfin tranquilles »!

Toutes ces personnes s'occupaient de lui, chacune à leur manière, l'aidant à trouver sa voie, tandis que Susanne, elle, ne cessait de chérir la ville qui l'avait vu naître.

LE SECRET PARTAGÉ

Les années ont passé et Susanne,un fois passé la soixantaine, a développé ce qu'elle a appelé « une vilaine maladie pulmonaire », un mal qui progressait rapidement. Sa maladie amena Jane à aborder le sujet de ce que de nouveaux

ing at it while Mom talked about being in Paris and meeting a young man while traveling in Africa, and I think she said, 'And one thing led to another.' It felt like quite a long time for it to click into place what she was saying. It was so unexpected. Partly because of how open she always was and how totally secret she had kept it. But also because of what I went into the bedroom expecting. I remember feeling kind of confused and unclear."

Jennie made a more intuitive leap. "I read the first couple sentences of his letter. It said 'My name is Jean-Marie Leau. I was born in the American Hospital in Paris in 1963.' That is all I read and I asked immediately, 'Mom, is this your child?' She said, 'Yes!' I felt sort of giddy. I thought, 'Oh my Gosh, this is amazing. He found you.' She was clearly so happy."

Susanne asked them on the spot if they would be okay with their new brother coming to meet them. "My sister and I both said yes right away," Nathanael says, "but we were also both a bit skeptical. Like, really? Are you sure this is the person? We were just so caught off-guard. She was so clearly excited by it that we wanted to be supportive and open to whatever she wanted. But we also felt protective."

Processing the news together, the siblings mulled over how to verify the family connection. Suddenly, Jennie remembered that, a couple of years earlier, she had submitted her DNA sample to the company 23AndMe, curious to learn more about her heritage. "It turns out there wasn't anything surprising there (at least that I discovered then). I was nearly 100% English and Irish. So when I got the results, I left it at that. I didn't try to find relatives or make myself available to be found through the website." Now, she had an entirely different question to put to the genealogy website. She logged on. "There was a button, right there, that said 'Find My Relatives.' I clicked it, and literally a second later, I got this list and there at the top was 'Jean-Marie Leau, half-brother, 25% genes shared.'"

tests ADN pourraient éventuellement révéler. « Je me souviens lui avoir dit à un moment donné: écoute il y a énormément de choses sur l'ADN qui se passent. Il y a plusieurs émissions à la télévision où les gens découvrent des choses merveilleuses sur leur famille. Si ton premier-né décide qu'il veut en savoir plus sur toi, des personnes de notre famille ont certainement effectué ces tests. Ce ne sera pas difficile pour lui de te retrouver ».

Que Susanne voulait-elle qu'elle dise à la famille si quelque chose se passait après sa mort? « Elle m'a répondu: 'Eh bien, raconte la véritable histoire tout simplement.' Puis j'ai dit: « S'il ne se présente jamais, veux-tu que quelqu'un le sache? » Et elle a dit: « Oui, si quelqu'un en a besoin. Si l'un de mes petits-enfants a des ennuis, alors tu peux leur dire que cela est arrivé à leur grand-mère. Mais elle ne s'attendait pas vraiment à ce que cela se produise ».

En janvier 2019, « j'ai reçu un texto d'elle qui disait 'devine ce qui vient de se passer'. Et je le sus, je le sus tout de suite ».

Après avoir reçu la lettre de Jean-Marie, Susanne répondit par courriel et elle se prépara à annoncer la nouvelle à Nathanaël et Jennie. « C'était quelques semaines avant son anniversaire », se souvient Nathanaël, qui vit à Brooklyn. « Jennie était en ville et nous étions tous les deux dans leur appartement. Maman a dit: « Je veux que vous veniez tous les deux dans ma chambre, j'ai quelque chose à vous dire ». Mon cœur s'est serré. Je me suis dit: « C'est quelque chose qui concerne sa santé », ce qui était alors une méprise. Elle était nerveuse – cela nous le ressentions – mais pas craintive. Je pense qu'elle était enthousiaste. Elle a commencé à nous raconter une histoire concernant la réception d'une lettre. Je me souviens avoir regardée celle-ci pendant que maman parlait du fait d'être allée à Paris et d'avoir rencontré un jeune homme alors qu'elle voyageait en Afrique, et je pense qu'elle a dit: « Et une chose en a amené une autre ». Il m'a semblé qu'un long laps de temps s'écoula avant de comprendre ce qu'elle essayait de nous dire. C'était tellement inattendu. En partie parce qu'étant si ouverte elle avait aussi gardé ce secret total. Mais aussi parce que je m'attendais à

They were all astonished to be able to validate this monumental fact so quickly. "We also appreciated that the news had unfolded when and how it had," Jennie says. "I remember thinking: What if I had discovered his name on the website before my mother had told us about him? What if I hadn't found his name until after she had died?" "We also felt some trepidation," says Nathanael, "because we still didn't know whether we'd like him, whether he'd like us, or whether we'd have anything in common. We just had no idea what to expect."

So, next they did what everyone does in this day and age: they Googled him. They discovered that Jean-Marie Leau had directed choirs concerts at the Monte Carlo Opera and Le Choeur du Village for TV and that he had composed the soundtrack to the documentary, "Homo Sapiens." He was a musician, of all things, with a generous, appealing face. "Mom had some pictures that he'd sent of his kids and of himself

ONE OF THE FIRST PHOTOS THE GREENES FOUND OF JEAN-MARIE (WITH ÉLOÏSE) ONLINE
UNE DES PREMIÈRES PHOTOGRAPHIES QUE LES GREENES ONT VU DE JEAN-MARIE (AVEC ÉLOÏSE)

quelque chose d'autre en entrant dans la chambre. Je me souviens m'être senti à la fois déboussolé et confus ».

Jennie a fait un bond plus intuitif. « J'ai lu les deux premières phrases de sa lettre. On pouvait y lire: « Je m'appelle Jean-Marie Leau. Je suis né à l'hôpital américain de Neuilly en 1963 ». C'est tout ce que j'ai lu et j'ai immédiatement demandé: « Maman, est-ce que c'est ton enfant »? Elle a dit: « Oui! » Je me suis sentie un peu prise de vertige. Je me suis dit: "Oh mon Dieu, c'est incroyable. Il t'a trouvée". Elle était de toute évidence si heureuse. »

Susanne leur a demandé d'emblée s'ils seraient d'accord avec le fait que leur nouveau frère viennent les rencontrer. « Ma sœur et moi avons tous les deux dit oui tout de suite », dit Nathanaël, « mais nous étions aussi tous les deux un peu sceptiques. Nous lui avons demandé si elle était vraiment sûre que c'était la bonne personne? Nous avons été tellement pris au dépourvu. Elle était tellement ravie que nous voulions la soutenir et être ouverts à tout ce qu'elle désirait. Mais nous souhaitions aussi la protéger ».

En intégrant ces nouvelles, frères et sœurs se sont mis à réfléchir à la façon de vérifier la véracité de ce lien familial. Soudain, Jennie s'est souvenue que quelques années plus tôt, elle avait soumis son échantillon d'ADN à la société 23AndMe, curieuse d'en savoir plus sur son propre héritage génétique. « Il s'avère qu'il n'y avait rien de surprenant (du moins de ce que j'ai découvert à l'époque). J'étais presque 100% anglaise et irlandaise. Donc, quand j'ai eu les résultats, j'en suis restée là. Je n'ai pas spécialement essayé de trouver des parents ou de me rendre disponible pour être trouvée sur le site ». Maintenant, elle avait une question entièrement différente à poser sur l'appli de généalogie. Elle s'est alors connectée.

« Il y avait un bouton, juste là, qui disait 'Trouvez mes proches'. J'ai cliqué dessus, et littéralement une seconde plus tard, j'ai eu cette liste et il y avait en haut 'Jean-Marie Leau, demi-frère, 25% de gènes en commun' ».

Ils ont tous été étonnés de pouvoir confirmer cette information monumentale si rapidement. « Nous avons également apprécié que la nouvelle

as a baby," recalls Jennie. "Also a CD and a book he had written about the power of music for babies in utero. I found it so amazing that he wrote this book without even knowing that she was a musical person who had sung to him, as she had to us."

Now filled with a mixture of relief and growing excitement, they suggested to Susanne that she invite her first-born to her 79th birthday gathering, already planned for Jennie's house in Boston two weeks later. In the meantime, Nathanael and Jennie set about processing the radical realignments taking place in their lives. "The 'what if' speculation consumed me for a while at the beginning," says Nathanael. "What if he had come back with her? Would I have a brother? Would I exist? Would my dad have been able to bridge that, if Jean-Marie was part of her life? How different would my life have been if he had been around? Would my parents have decided to stop at two, so would my *sister* be around? What would Jean-Marie's life have been like growing up in the United States instead of France? What will it be like to have an older brother?"

Jennie's reaction was different. "I started to scan my life and memories of my mom, looking for any clues there could have been. I thought back to when I was in my teens and early twenties and tried to remember if my mother ever seemed nervous about me dating and what could happen. I thought about times we visited Paris, of course, and whether she seemed distracted or sad. I thought about how upset she had been when we dropped Nathanael at boarding school at age 14, and I wondered if had hit an especially delicate nerve, given her experience having to leave Jean-Marie." But, Jennie says, "Especially given her declining health, we mostly focused on the future, on our plans to meet Jean-Marie, and the joy of this reunion. Now, I sometimes regret that I didn't ask her more about her experience of being pregnant and giving birth to Jean-Marie, or the years since, but we were all swept up in the excitement and happiness of this discovery."

Meanwhile, in Paris, Jean-Marie was also processing what he'd learned: Susanne and America, Alexandre and Senegal. "I had worked

ait été révélée de cette manière et à ce moment-là », dit Jennie. « Je me souviens avoir pensé: et si j'avais découvert son nom sur le site avant que ma mère ne nous en parle? Et si je n'avais trouvé son nom qu'après sa mort? « Nous avons aussi ressenti une certaine appréhension », dit Nathanaël, « parce que nous ne savions toujours pas si nous l'aimerions, s'il nous aimerait ou si nous aurions quelque chose en commun. Nous n'avions aucune idée de ce à quoi nous attendre.

Alors ils firent ce que tout le monde fait de nos jours: ils l'ont cherché sur Google et ils ont découvert que Jean-Marie Leau avait dirigé des concerts de chœurs à l'Opéra de Monte Carlo, animé « Le Chœur du Village » pour la télévision et qu'il avait composé la bande originale du documentaire « Homo Sapiens ». C'était avant tout un artiste, avec un visage généreux et avenant. « Maman avait des photos qu'il avait envoyées de ses enfants et de lui-même quand il était bébé », se souvient Jennie. « Avec un CD et un livre qu'il avait écrit sur le pouvoir de la musique pour les bébés in utero. J'ai trouvé ça tellement incroyable qu'il ait écrit ce livre sans même savoir qu'elle était mélomane et qu'elle avait sans aucun doute chanté pour lui, comme elle l'avait fait pour nous ».

A présent, ils étaient tous emplis d'un mélange de soulagement et d'excitation croissante, suggérant à Susanne de l'inviter à la fête de son 79ème anniversaire, déjà prévue à Boston chez Jennie deux semaines plus tard. Pendant ce temps, Nathanaël et Jennie firent en sorte d'intégrer le changement radical qui avait lieu dans leur vie. « L'hypothèse des 'et si' m'a bien au début pris la tête pendant un certain temps », avoua Nathanaël. « Et si il était revenu avec elle? Aurais-je un frère? Est-ce que j'existerais? Mon père aurait-il pu gérer cela si Jean-Marie avait fait partie de sa vie? À quel point ma vie aurait-elle été différente s'il avait été là? Mes parents auraient-ils décidé de s'arrêter à deux enfants? Est-ce que ma sœur serait là? À quoi aurait ressemblé la vie de Jean-Marie grandissant aux États-Unis plutôt qu'en France? Qu'est-ce que ce sera d'avoir un frère aîné »?

La réaction de Jennie fut différente. « J'ai commencé à scanner ma vie et les souvenirs de ma mère, à la recherche d'indices qu'il y aurait pu avoir.

with musicians from Senegal, and this became a place that suddenly held roots for me," he says. Indeed, he had produced the music for "Samba and Leuk the Hare," written by President Léopold Sédar Senghor, collaborating with Senegalese artist Ismaël Lô and recording in Dakar. "[The discovery of these roots] made sense particularly in my way of making music, notably vocal choral music, because I work a lot with oral – more rarely written – transmission in a down to earth manner that has much to do, in my view, with African approaches. I feel I have a link to this type of improvisation."

A traditional belief in Senegal is that a child inherits blood, flesh, character, and intelligence from the mother and gains bones, nerves, and courage from the father. In her book, *Masters of the Sabar: Wolof Griot Percussionists of Senegal*, ethnomusicologist Patricia Tang says that griots attribute their ability to play the sabar (a Senegalese drum) to their bloodline. She quotes musician Macheikh Mbaye, "Drumming and singing is something you inherit; you don't study it. It's in the blood."

Remarkably for Jean-Marie, musicality flowed in his blood from two springs.

"America was a place that I loved before I knew that my mother was American. I have walked the street in New York where she lived many times. All of this became more real to me internally, where before it was impersonal." Now, his son Clément was studying at the Berklee College of Music in Boston, a stone's throw from his new aunt Jennie. So, when the invitation to Susanne's birthday came, Jean-Marie quickly decided he would fly over and also see his son. "It was very strange of course. Imagine being 56 years old and buying a plane ticket to meet your mother. It's quite something. From the moment I was going to see her, I was no longer an adult, but a child."

"We met first at my Cambridge apartment," recalls Clément. "It was me, my then-girlfriend Kate, Dad, and Laurène. Every step toward Jennie's house seemed very heavy for my dad. When he arrived at the

J'ai repensé à l'époque où j'étais adolescente au début de la vingtaine et j'ai essayé de me souvenir si ma mère semblait inquiète à propos de mes fréquentations et de ce qui pouvait arriver. J'ai pensé aux fois où nous étions allés à Paris, bien sûr, et si elle semblait distraite ou bien plutôt triste. J'ai pensé à quel point elle fut bouleversée lorsque nous avons dû déposer Nathanaël en internat à l'âge de 14 ans, et je me suis demandée si cela avait touché une corde particulièrement sensible, étant donné son expérience d'avoir dû quitter Jean-Marie » dit Jennie, « Mais tenant compte de sa santé déclinante, nous nous sommes surtout concentrés sur l'avenir, sur notre projet de rencontrer Jean-Marie et sur la joie de ces retrouvailles! A présent, je regrette de ne pas lui avoir demandé plus sur son expérience de grossesse et d'accouchement de Jean-Marie, ou bien sur les les années qui ont suivi, mais finalement nous avons tous été emportés par l'émoi et le bonheur de cette découverte.

Pendant ce temps, à Paris, Jean-Marie traitait aussi mentalement ce qu'il avait appris: Susanne et l'Amérique, Alexandre et le Sénégal. « J'avais travaillé avec des musiciens du Sénégal, et c'est devenu un endroit qui a soudainement pris racine pour moi », dit-il. En effet, il avait produit la musique de « Samba et Leuk le Lièvre », écrite par le président Léopold Sédar Senghor, collaborant avec l'artiste sénégalais Ismaël Lô et enregistrant à Dakar. « La découverte de ces racines prenait sens en particulier dans ma façon de faire de la musique, notamment du chant choral parce que je travaille beaucoup avec la transmission orale – plus rarement écrite – qui a beaucoup à voir, à mon avis, avec les approches africaines. Je sens que j'ai un lien avec ce type d'improvisation ».

Une croyance traditionnelle au Sénégal est qu'un enfant hérite du sang, de la chair, du caractère et de l'intelligence de la mère, et des os, du tempérament et du courage du père. Dans son livre, Masters of the Sabar: Wolof Griot Percussionists of Sénégal, l'ethnomusicologue Patricia Tang affirme que les griots attribuent leur capacité à jouer du sabar (un tambour sénégalais) à leur lignée. Elle cite le musicien Macheikh Mbaye: « Jouer du tambour et chanter est quelque chose dont vous héritez; vous ne l'étudiez pas. C'est dans le sang ».

door, he was like a defenseless child. I'd never seen him like that." "It was very moving," agrees Laurène. "I was feeling the same kind of emotions, and I remember I was stressed, but we were holding hands and Jean-Marie was walking so slowly, and stopping. He was scared."

THE REUNION

The man who had searched so long for his mother wanted, he says, "to anchor all the emotions in that moment so I wouldn't forget them. I had to close this book in order to open a new one, but the book I carried was very heavy." All those decades of imagining, of filling in blanks about his origins, of envisioning American soldiers and French songstresses, like Juliette Greco, of a mother who might have been abandoned or abused. He was stepping out of one story and into another, the one that sang in his blood.

As Jean-Marie and his family approached Jennie's house, Susanne was with Jennie, Nathanael, and their spouses, Shay and Sara, awaiting his arrival. Jennie says, "I remember sitting with my mom on the couch waiting for the doorbell to ring. We were holding hands and closed our eyes, trying to stay calm and centered. Her breath was labored from her lung condition, but she was trying to take long, slow, breaths. In that moment, I felt so close to her, but I was also so aware that she was having her own very personal experience, meeting her son after 56 years."

As they made their way into the house, everyone greeted each other in a mixture of French and English, and embraced. Jennie recalls, "After laying eyes on each other and hugging for the first time, my mom looked lovingly at Jean-Marie and said simply, 'Look at you.' I'll always remember that. She seemed so pleased and astonished that he was there in the flesh and that he had grown up to be so healthy, handsome, and happy."

"It was pretty amazing," says Nathanael, "how almost instinctively and quickly we all sort of recognized each other. We could see each

Pour Jean-Marie la musicalité coulait remarquablement dans ses veines grâce à deux sources. « L'Amérique était un endroit que j'aimais avant de savoir que ma mère était américaine. J'ai marché dans la rue de New York où elle a vécu maintes fois. Tout cela est devenu intérieurement plus réel pour moi, alors qu'avant c'était impersonnel ». À ce moment-là, son fils Clément étudiait au Berklee College of Music de Boston, à deux pas de sa nouvelle tante Jennie.

Ainsi, lorsque l'invitation à l'anniversaire de Susanne est arrivée, Jean-Marie a rapidement décidé qu'il viendrait pour y voir également son fils. « C'était très étrange bien sûr. Imaginez avoir 56 ans et prendre un billet d'avion pour aller rencontrer votre mère. C'est vraiment impressionnant. À partir du moment où j'allais la voir, je n'étais plus un adulte, mais je redevenais un enfant ».

« Nous nous sommes d'abord retrouvés dans mon appartement de Cambridge », se souvient Clément. « C'était moi, ma petite amie de l'époque, Kate, papa et Laurène. Chaque pas vers la maison de Jennie semblait très lourd pour mon père. Quand il est arrivé à la porte, il était comme un enfant sans défense. Je ne l'avais jamais vu comme ça. « C'était très émouvant », convient Laurène. « Je ressentais le même genre d'émotions, et je me souviens que j'étais stressée, mais nous nous tenions la main et Jean-Marie marchait si lentement, il s'arrêtait souvent. Il avait peur ».

LA RENCONTRE

L'homme qui chercha si longtemps sa mère voulait, dit-il, « ancrer toutes les émotions à ce moment-là pour ne pas les oublier. J'ai dû fermer ce livre pour en ouvrir un nouveau, mais le livre que je portais était très lourd ». Toutes ces décennies d'imagination, de remplissage des blancs sur ses origines, de soldats américains et de chanteuses françaises (Juliette Greco!), d'une mère qui aurait pu être abandonnée ou maltraitée. Il sortait d'une histoire et pénétrait dans une autre, celle qui chantait dans son sang.

Alors que Jean-Marie et sa famille s'approchaient de la maison de Jennie,

other's features in each other's faces to a large degree, but also our attitudes, our outlooks, and just our way of being seemed very comfortable and familiar within minutes of them walking in."

Clément felt the same way, especially about his new grandmother. "The first two minutes in the house, it felt like I had always known her. It wasn't like meeting a new person. It was like seeing someone again, like a reunion. It felt like a moment of magic. The resemblance to Susanne was in the smile, the cheeks, and in the aura – something in the look in her eyes, a very deep stare. I could tell that she was a woman with a lot of energy. She was a giver, and my dad is a huge giver too. I could feel it came more deeply from Susanne. It shows how connected we are."

Within a half an hour, the group enlarged with Jane and Susanne's American grandchildren Ella, Eamon, June, and Molly arriving at the house. ("We felt like having everyone there when he first arrived might be overwhelming," Jennie explains.) Now, over a dozen people piled on to the couch and the living room floor. "It became an instant family reunion, with a mix of French and English, and a lot of non-verbal communication (smiling, staring in wonder, tears, and hugs)," Jennie recalls.

Jane, who had been the most braced for this unexpected reunion in her frail sister's life, found herself deeply moved. "I saw my brother Rob in him. Totally. And my son and Nathanael. I showed him a picture of Rob on my phone and he said, 'I do look like him!' He was so happy. The thing about Jean-Marie is that he is such a joyful soul. He's wonderful."

Very soon, the guitars came out and people were taking turns playing. The families that had been making music for so long on opposite sides of the Atlantic were now doing it together – and it was amazingly natural. As Jean-Marie sat on the couch beside Susanne, they sang the songs together that she had sung to her baby in Paris.

"It was incredible for me," Jean-Marie says. Their voices harmonized on "Donna, Donna," and "Les Philistins" by George Brassens.

attendant son arrivée, Susanne était avec Jennie, Nathanaël et leurs époux respectifs, Shay et Sara. Jennie dit: « Je me souviens être assise avec ma mère sur le canapé en attendant que la sonnette sonne. Nous nous tenions la main et fermions les yeux, essayant de rester calmes et centrées. Son souffle était laborieux en raison de son état pulmonaire, mais elle essayait de prendre de respirations lentes et longues. À ce moment-là, je me sentais si proche d'elle, mais j'étais aussi tellement consciente qu'elle vivait sa propre expérience – très personnelle – rencontrant son fils pour la première fois depuis 56 ans.

Alors qu'ils entraient dans la maison, tout le monde s'est salué dans un mélange de français et d'anglais, et s'est embrassé. Jennie se souvient: « Après avoir posé les yeux l'un sur l'autre et s'être embrassés pour la première fois, ma mère a regardé Jean-Marie avec amour et a dit simplement: « look at you » avec admiration. Je m'en souviendrai toujours. Elle semblait si heureuse et étonnée qu'il soit là en chair et en os et qu'il ait grandi pour être en si bonne santé, si beau et si heureux!

« C'était assez incroyable », dit Nathanaël, « à quel point nous nous sommes tous reconnus presque instinctivement et rapidement. Dans une large mesure nous pouvions reconnaitre les traits des uns et des autres sur les visages de l'un ou de l'autre, mais aussi nos attitudes, notre façon d'être semblaient très naturelle et si familières simplement quelques minutes après être entrés.

Clément ressentait la même chose, surtout à propos de sa nouvelle grand-mère. « Les deux premières minutes à la maison, j'avais l'impression de l'avoir toujours connue. Ce n'était pas comme rencontrer une nouvelle personne. C'était plutôt comme revoir quelqu'un que l'on n'a pas vu depuis longtemps, comme des retrouvailles. Un moment magique! La ressemblance avec Susanne était dans le sourire, les joues et dans l'aura – quelque chose dans le regard, un regard très profond. Je pourrais dire à présent que c'était une femme avec beaucoup d'énergie. C'était une bienfaitrice, et mon père est aussi un grand bienfaiteur. Je pouvais sentir que cela venait plus profondément de Susanne. Cela montre à quel point nous nous sommes connectés ».

"Susanne would later show me her tapestries," Jean-Marie says, "where she embroidered the lyrics of that song:"

> *Philistines, grocers. While you caressed your wives and dreamt about the children that your coarse appetites would create, you thought 'they will be clean-shaven, round-bellied notaries.' But to punish you well, unwanted children are born, who become longhaired poets.*
> Or composers.

VERSES FROM GEORGE BRASSENS' "LES PHILISTINS" STITCHED BY SUSANNE
LES VERS DE <<LES PHILISTINS>> DE GEORGE BRASSENS COUSUS PAR SUSANNE

En une demi-heure, le groupe s'est agrandi avec Jane, et les petits-enfants américains de Susanne: Ella, Eamon, June et Molly qui sont arrivés à la maison. « Nous nous sommes dit que le fait d'avoir tout le monde là quand il arriverait, aurait pu être accablant pour lui », explique Jennie.

A présent, plus d'une douzaine de personnes s'étaient entassées sur le canapé et le sol du salon. « C'est devenu une réunion de famille instantanée, avec un mélange de Français et d'Anglais, et beaucoup de communication non verbale (sourire, émerveillement, larmes et câlins) », se souvient Jennie.

Jane, la plus préparée à ces retrouvailles inattendues dans la vie de sa frêle grande sœur, s'en est trouvée profondément émue. « J'ai vu mon frère Rob en lui, mais alors complètement. Et mon fils ainsi que Nathanaël. Je lui ai montré une photo de Rob sur mon téléphone et il m'a dit: « Je lui ressemble! » Il était si heureux! Le truc avec Jean-Marie, c'est qu'il a une âme si joyeuse. Il est merveilleux.

Très vite, les guitares ont été de sorties et ils se sont tous mis à jouer à tour de rôle. Les familles pratiquaient la musique depuis si longtemps de part et d'autre de l'Atlantique jouaient à présent ensemble – le plus naturellement du monde. Alors que Jean-Marie était assis sur le canapé à côté de Susanne, ils chantèrent ensemble les chansons qu'elle lui avait chantées à Paris quand il était dans son ventre.

« C'était incroyable pour moi », dit Jean-Marie. Leurs voix se sont harmonisées sur « Donna, Donna » et « Les Philistins » de George Brassens et Jean Richepin. « Susanne me montrera plus tard ses tapisseries, où elle brodait les paroles de cette chanson ».

Philistins, épiciers, tandis que vous caressiez vos femmes,
En songeant, au petits, que vos grossiers appétits engendrent,
Vous pensiez, ils seront, menton rasé ventre rond, notaires,
Mais pour mieux vous punir, un jour vous voyez venir sur terre,
Des enfants non voulus, qui deviennent chevelus, poètes.
Ou compositeur de musique.

AN EXPANDING FAMILY

"There probably are families where this news, this change, would have felt threatening," says Jennie. "Suddenly there's this new person, this new dynamic. But I just felt so happy for Jean-Marie and our mother. Nathanael and I were so lucky; we had her in our lives for so many years, we had the benefit of having her as a mom. We also knew she was very sick and her time was limited, so we thought if he can have even a few months with her, that would be wonderful. I also found great comfort knowing that her genes would live on in Jean-Marie and his children because, truly, the more of her in the world, the better."

Over the next several months, various members of the newly-merged families made trips across the Atlantic, eager to get to know each other and make up for lost time. Jennie and her family visited France and stayed with Jean-Marie and Laurène, meeting his adoptive brother and close friends. Susanne couldn't travel by that point, but they sent her videos and photos throughout the trip, finding the street where she had lived and the school where she had taught in Blois before moving to Paris. That same spring, Jean-Marie and Laurène visited New York, and Susanne proudly introduced them to all of her closest friends at a luncheon in their honor. She found that the more people she shared her story with, the more people opened up about their own long-held secrets. Jane recalls, "Susanne was pleased that people were so happy for her and welcoming of Jean-Marie, but she was also glad that sharing her story gave others an opportunity to share. The unburdening of secrets truly sets everyone free."

After visiting New York, Jean-Marie and Laurène went up to Boston for Clément's graduation, and Jennie and Shay hosted a celebration afterward at their house. That spring, Clément moved to New York, staying in his new-found grandparents' apartment on Charles Street when they went up to Nantucket for the summer. He saw his new aunt and uncle, Sara and Nathanael, who acted as guarantors for an apart-

UNE FAMILLE AGRANDIE

« Il y a probablement des familles où cette nouvelle, ce changement aurait représenté une menace », dit Jennie. « Soudain, il y a cette nouvelle personne, cette nouvelle dynamique. Mais je me sentais tellement heureuse pour lui et pour elle. Nathanaël et moi avons eu tellement de chance ; nous l'avons eue dans notre vie pendant tant d'années, nous avons eu l'avantage de l'avoir comme mère. Nous savions aussi qu'elle était très malade et que son temps était compté, alors nous avons pensé que s'il pouvait avoir ne serait-ce que quelques mois avec elle, ce serait merveilleux. J'ai aussi trouvé un grand réconfort en sachant que ses gènes perdureraient chez Jean-Marie et ses enfants parce que, vraiment, plus ils sont nombreux dans le monde, mieux c'est »!

Au cours des mois suivants, divers membres des familles nouvellement fusionnés ont traversé l'Atlantique, désireux d'apprendre à se connaître et de rattraper le temps perdu. Jennie et sa famille sont venus en France et sont descendus chez Jean-Marie et Laurène, pour faire connaissance avec son frère adoptif ainsi que des amis proches. Susanne ne pouvait pas voyager à ce moment-là, mais ils lui ont envoyé des vidéos et des photos tout au long du voyage, trouvant la rue où elle avait vécu et l'école où elle enseigna à Blois avant de déménager à Paris.

Cette année-là, Jean-Marie et Laurène sont allés à New York et Susanne les a fièrement présentés à tous ses amis les plus proches lors d'un déjeuner en leur honneur. Elle constata que plus elle partageait son histoire avec des gens, plus les gens s'ouvraient sur leurs propres secrets de longue date. Jane se souvient: « Susanne était enchantée que les gens soient si heureux pour elle et accueillants envers Jean-Marie, mais elle était aussi heureuse que le partage de son histoire donne aux autres l'occasion de partager aussi, car se délester de secrets libère vraiment tout le monde».

Après avoir rendu visite à Susanne et Wade à New York, Jean-Marie et Laurène sont allés à Boston pour la remise de diplôme de Clément.

SUSANNE AND JEAN-MARIE WITHIN MINUTES OF FIRST REUNITING
SUSANNE AND JEAN-MARIE QUELQUES MINUTES APRÈS ILS SE SONT RÉUNIS

NATHANAEL, JEAN-MARIE, JENNIE

THE REUNION / LA RENCONTRE

SUSANNE, NATHANAEL, JEAN-MARIE, JENNIE

TOP ROW/EN HAUT: ELLA, MOLLY, JUNE, SUSANNE, JEAN-MARIE, CLÉMENT, AND EAMON
BOTTOM ROW/EN BAS: LAURÈNE, JENNIE, NATHANAEL, AND SARA

JEAN-MARIE AND JANE, SUSANNE'S SISTER / LA SOEUR DE SUSANNE

SUSANNE, CLÉMENT, LAURÈNE, AND JEAN-MARIE

COUSINS - CLÉMENT, EAMON, JUNE, MOLLY, AND ELLA

ment when he got one. "Within just a couple of months, we were doing what families do — being there for each other, celebrating each other. It felt so natural," Jennie recalls.

That summer, Jean-Marie and his family joined the Greenes in Nantucket. Wade, whose dementia had progressed, may or may not have understood exactly who Jean-Marie and his family were. But, ever the welcoming host and true Francophile, he happily spoke with them in rusty French and enjoyed the newly-expanded family singalongs.

Jean-Marie's daughter, Éloïse, an art student and musician, met her grandmother (whom the family called "Nona") and spent hours talking about their shared talent. "I showed her a lot of stuff. [Our style] was really similar, so that was crazy."

While in Nantucket, Jean-Marie and a few other family members went to a local music event – the kind of gathering Susanne would normally have loved, but by then she was too weak to attend. Everyone was asked to wear a name tag sticker. "Afterward, Jean-Marie's name tag wound up adhered to a coffee table directly in front of my mom's favorite chair in the living room. It was there for the rest of the summer, after he left. I think she kept it there as a little reminder of him, a piece of him that she could keep close," Jennie recalls.

During that visit, Jean-Marie relished her presence as well, mindful of the absence that would once again, inevitably, occur. "I forgot from the moment that I met her that she was not eternal; I didn't worry about that," he says. "One day, at lunch in Nantucket, I felt a strong emotion about this, but I did everything possible to stay in the intensity and the reality of our meeting. I had already lost a maman and a papa. Susanne welcomed me as her son, and I welcomed her as my mother. I think [the two mothers] would have appreciated each other, but it was two completely different worlds."

There were bridges to cross, and beloved faces to behold and then watch fade away, while other relations were forged.

Jennie et Shay ont ensuite organisé pour lui une fête chez eux. Ce printemps-là, Clément déménagea à New York, séjournant dans l'appartement de ses nouveaux grands-parents à Charles Street pendant qu'ils étaient à Nantucket pour l'été. Il a vu sa nouvelle tante et son nouvel oncle, Sara et Nathanaël, qui l'ont pris sous leur aile, en se portant garants lorsqu'il trouva un appartement. « En seulement quelques mois, nous faisions ce que font les familles: être là les uns pour les autres, nous célébrer les uns et les autres. C'était tellement naturel », se souvient Jennie.

Cet été-là, Jean-Marie et sa famille rejoignirent les Greene à Nantucket. Wade, dont la démence avait malheureusement progressé n'a peut-être pas compris exactement qui Jean-Marie et sa famille étaient. Néanmoins, Il fut toujours l'hôte accueillant et le vrai francophile, parlant joyeusement avec eux dans un Français rouillé et appréciant les chants de la famille nouvellement agrandie!

La fille de Jean-Marie, Éloïse, étudiante en art et musicienne, rencontra sa grand-mère (que la famille appelait « Nona ») et elles passèrent des heures à parler de leur don commun. « Je lui ai montré beaucoup de choses. Nous avions un style vraiment similaire c'était incroyable »!

Pendant leur séjour à Nantucket, Jean-Marie et quelques autres membres de la famille se sont rendus à un événement musical local – le genre de rassemblement que Susanne aurait sûrement aimé, mais à ce moment-là, elle était trop faible pour y assister. On a demandé à tout le monde de porter une étiquette nominative autocollante. « Par la suite, l'étiquette nominative de Jean-Marie s'est retrouvée collée à une table basse directement devant la chaise préférée de ma maman dans le salon. Après son départ, elle y est restée tout l'été. Je pense qu'elle l'a gardée là comme un petit rappel, une part de lui qu'elle pouvait garder dans son cœur», se souvient Jennie.

Au cours de la visite, Jean-Marie savoura également sa présence, conscient de l'absence qui se produirait à nouveau, inévitablement. « J'ai oublié dès le moment où je l'ai rencontrée qu'elle n'était pas éternelle ; Je ne m'en inquiétais pas », dit-il. « Un jour, lors d'un déjeuner à Nantucket, j'ai ressenti une vive émotion à ce sujet, mais j'ai tout fait pour rester dans l'intensité

EAMON, JENNIE, JEAN-MARIE, AND MOLLY OUTSIDE THE SCHOOL WHERE SUSANNE TAUGHT IN BLOIS, FRANCE
EAMON, JENNIE, JEAN-MARIE, ET MOLLY DE HORS DE L'ÉCOLE OU SUSANNE TRAVAILLAIT À BLOIS , FRANCE

A CELEBRATION OF CLÉMENT'S COLLEGE GRADUATION IN BOSTON
LA FÊTE À BOSTON POUR CLÉMENT QUAND IL A OBTENU LE DIPLÔME

JEAN-MARIE, SUSANNE, AND LAURÈNE
WITH SOME OF SUSANNE'S CLOSEST
FRIENDS AND FAMILY
JEAN-MARIE, SUSANNE, AND LAURÈNE
AVEC DES AMIES PROCHES ET COUSINES
DE SUSANNE

CLÉMENT AND NATHANAEL AT A MARCH IN NEW YORK
CLÉMENT AND NATHANAEL LORS D'UNE MARCHE À NEW
YORK

SUSANNE WITH HER GRANDCHILDREN
SUSANNE AVEC SES PETITS ENFANTS
- ÉLOÏSE, CLÉMENT, JUNE, EAMON, ELLA,
AND MOLLY

FAMILY TOGETHER AT THE WADE COTTAGES /LA FAMILLE ENSEMBLE AUX WADE COTTAGES

A PIECE OF ÉLOÏSE'S ART WORK
DESIN D'ÉLOÏSE

SUSANNE AND ÉLOÏSE

SUSANNE WITH JEAN-MARIE, JENNIE, NATHANAEL

ENDINGS AND BEGINNINGS

Susanne died on Oct. 13, 2019 at the age of 79. One of the very first calls Nathanael and Jennie made was to Jean-Marie. Clément, who was living in New York, came over to the Greene's apartment that day to mourn with other family members.

At her joyful celebration of life a month later, Nathanael, Jennie, Jean-Marie, and their children led friends and family in many of her favorite songs, including the Beatles' "Let it Be," Old Crow Medicine Show's "Wagon Wheel," Bob Dylan's "Blowing in the Wind," Leonard Cohen's "Hallelujah," James Taylor's "Fire and Rain," and Joan Baez's "Donna, Donna."

JEAN-MARIE, JENNIE, NATHANAEL, AND EAMON PLAYING MUSIC AT SUSANNE'S CELEBRATION OF LIFE / JEAN-MARIE, JENNIE, NATHANAEL, ET EAMON JOUENT DE LA MUSIQUE À LA CELEBRATION DE LA VIE DE SUSANNE

et la réalité de notre rencontre. J'avais déjà perdu une maman et un papa. Susanne m'a accueilli comme son fils, et je l'ai accueillie comme ma mère. Je pense que Paulette et Susanne (les deux mères) se seraient appréciées, bien que d'univers complètement différents ». Il y avait des ponts à traverser, et des visages bien-aimés à voir puis à regarder disparaître, tandis que d'autres relations se forgeaient.

FINS ET COMMENCEMENTS

Susanne est décédée le 13 octobre 2019 à l'âge de 79 ans. L'un des tout premier appel que Nathanaël et Jennie firent fut à Jean-Marie. Clément, qui vivait à New York, vînt le jour même à l'appartement des Greene pour pleurer avec d'autres membres de la famille.

JENNIE, NATHANAEL, JEAN-MARIE, AND SUSANNE

In his remarks at the gathering, Jean-Marie reflected poignantly on the "nine months I was in her belly and the eight months I knew her outside." As he talked about getting to know his mother and what it had meant to him, Nathanael looked around the room and marvelled at how much larger his family had become over the last year. Jennie recalled what Susanne had said to her and Nathanael before telling them about their brother: "I know this will be shocking, but I think it could enrich your lives in wonderful ways." And, Jennie says, "She was absolutely right. In fact, connecting with Jean-Marie in her final months of life was, of course, miraculous and wonderful for our mom and for him, but it felt like an incredible parting gift to every one of us."

SUSANNE AND WADE

Un mois plus tard, lors de ses obsèques, qui furent une joyeuse célébration de la vie, Nathanaël, Jennie, Jean-Marie et leurs enfants ont chanté à leurs amis et leur famille plusieurs de ses chansons préférées, notamment « Let it Be » des Beatles, « Wagon Wheel » de Old Crow Medicine Show, « Blowing in the Wind » de Bob Dylan, « Hallelujah » de Leonard Cohen, « Fire and Rain » de James Taylor et « Donna, Donna » de Joan Baez.

Dans ses remarques concernant la réunion, Jean-Marie réfléchît de manière poignante sur « les neuf mois où j'étais dans son ventre et les huit mois où je l'ai connue à l'extérieur ». Alors qu'il évoqua sa mère et ce que cela signifiait pour lui, Nathanaël regarda autour de la pièce et s'émerveilla de voir à quel point sa famille s'était agrandie au cours de la dernière année. Jennie s'est souvenue de ce que Susanne lui avait dit à elle et à Nathanaël avant de leur parler de leur frère: « Je sais que ce sera un choc émotionnel fort, mais je pense que cela pourrait enrichir vos vies de manière merveilleuse ». Et Jennie dit: « Elle avait tout à fait raison. En fait, se connecter avec Jean-Marie dans ses derniers mois de vie était, bien sûr, miraculeux et merveilleux pour notre mère et pour lui, et ce fut comme un cadeau de départ incroyable pour chacun d'entre nous ».

ALL EIGHT OF SUSANNE'S GRANDCHILDREN / TOUS LES PETITS ENFANTS DE SUSANNE

Wade died on May 19, 2020, just a few months after Susanne.

Jean-Marie and Laurène welcomed the birth of twin daughters on October 13, 2020, the one-year anniversary of Susanne's death. Their names are Susanne and Vivienne. They were conceived in Senegal while Jean-Marie and Laurène were there looking for his biological father.

After returning to Paris, Clément moved into a Senagalese neighborhood.

As soon as pandemic travel restrictions were lifted in 2021, the newly-expanded family celebrated Christmas at Jean-Marie and Laurène's home in Paris. All eight of Susanne's grandchildren were there.

Susanne's friend Lesley Régnier died on April 19, 2022 from the same lung condition that Susanne had.

Patricia Jenvey, the family's distant cousin in New Zealand who was instrumental in Jean-Marie's search, died on June 2, 2022.

Jean-Marie received U.S. citizenship on April 12, 2022.

Jean-Marie and Laurène got married on Oct. 13, 2022.

He has not yet found his biological father.

Wade décéda le 19 mai 2020, juste quelques mois après Susanne.

Jean-Marie et Laurène donnèrent naissance à des jumelles le 13 octobre 2020, jour du premier anniversaire de la mort de Susanne. Elles s'appellent Susanne et Vivienne. Elles ont été conçues au Sénégal alors que Jean-Marie et Laurène étaient là-bas, à la recherche de son père biologique.

De retour à Paris, Clément s'installa dans un quartier Sénégalais à Paris.

Dès que les restrictions de voyage liées à la pandémie ont été levées en 2021, la famille nouvellement élargie célébra Noël chez Jean-Marie et Laurène à Paris. Les huit petits-enfants de Susanne étaient présents.

Lesley Régnier, l'amie de Susanne est décédée de la même pathologie pulmonaire le 19 avril 2022.

Patricia Jenvey, la lointaine cousine de Nouvelle Zélande, qui donna à Jean-Marie les informations essentielles à sa quête, est décédée le 2 juin 2022.

Jean-Marie reçu la citoyenneté américaine le 12 avril 2022.

Jean-Marie et Laurène se sont mariés le 13 octobre 2022.

Il n'a pas, à ce jour retrouvé son père biologique.

ACKNOWLEDGEMENTS

I'd like to thank everyone who agreed to undertake this project with me, especially my brothers, Jean-Marie and Nathanael, and our aunt Jane, our mother's sister. I feel honored and extraordinarily lucky to call you family. Thank you also to the many other friends and relatives who agreed to be interviewed or provide information for the book, including Jean-Marie's wife, Laurène; his eldest children, Clément and Éloïse; my longtime family friends, Christine and Sophie; our mother's friends from her time in France, Lesley, Jacqueline, and Nicole; Laurène's family friends, Ted and Irene; and our new-found relatives in New Zealand, the Jenveys. They each generously shared their part of the story, often providing perspectives, details, documents, and photos that only they could. Several of my friends, including my husband Shay, helped shape the story by reading the manuscript that Patricia so beautifully drafted, based on the many interviews she conducted. Sophie and Cathy provided help with translation, my dear friend Michelle designed the cover, and Ambrose designed the interior of the book. Working on this project with all of you has kept my mother close – front and center in my mind. It's kept me focused on the joy (and genes) that she brought into this world rather than her absence. It's also kept all of you close, which has been a true gift as well.

– Jennie

REMERCIEMENTS

J'aimerais remercier tous ceux qui ont accepté de me soutenir dans ce projet, spécialement mes frères, Nathanaël et Jean Marie, ainsi que ma tante Jane, la sœur de ma mère. Je me sens honorée et extraordinairement chanceuse que vous soyez ma famille. Merci également aux nombreux autres membres de la familles et aux amis qui ont accepté de témoigner pour cet ouvrage, tels que l'épouse de Jean-Marie, Laurène; mes nièce et neveu, Éloïse et Clément; les amies de toujours de ma famille, Christine et Sophie; les amies présents lors du séjour en France de ma mère, Lesley, Jacqueline, et Nicole; les amis de la famille de Laurène, Ted et Irène; nos nouveaux parents de Nouvelle Zélande, les Jenveys. Chacune et chacun a partagé généreusement leur part de l'histoire, offrant parfois des points de vue, des détails, des documents et des photos qu'eux seuls détenaient. Certains de mes amis, tout comme mon mari Shay, ont aidé à donner forme à ce récit en lisant le manuscrit si joliment esquissé par Patricia sur la base des nombreux entretiens qu'elle a menés. Sophie et Cathy ont apporté leur aide pour la traduction, ma chère amie Michelle a réalisé le design de la couverture, et Ambrose a conçu l'intérieur du livre. Travailler sur ce projet avec vous m'a permis de garder ma mère proche – à l'avant et au centre de mon esprit. Il me permet de fixer mon attention sur la joie (et les gènes) qu'elle a apporté en ce monde plutôt que sur son absence. C'est aussi de vous qu'il me rapproche, et c'est un vrai cadeau.

–Jennie

"Millions and millions of years would still not give me half enough time to describe that tiny instant of all eternity when you put your arms around me and I put my arms around you."

« Des milliers et des milliers d'années ne sauraient suffire pour dire la petite seconde d'éternité où tu m'as embrassé, où je t'ai embrassée ».

– Jacques Prevert

Printed by Amazon Italia Logistica S.r.l.
Torrazza Piemonte (TO), Italy

50431711R00074